JN292019

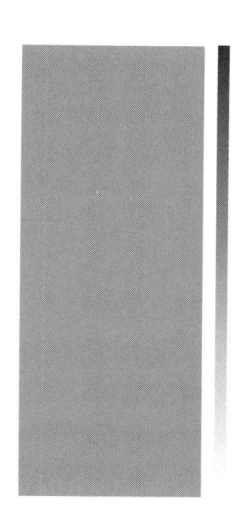

情報科教育研究 II

教科「情報」の実習事例

松原 伸一 編著

開隆堂

まえがき

　内閣総理大臣の諮問により臨時教育審議会が発足したのは，昭和59年（1984年）のことで，その第4次答申では，教育改革構想のアウトラインが完成している。このように，昭和60年頃は，情報教育に関する教育改革の社会的意識が高まり始めた時であり，後に「情報教育元年」と呼ばれたこともある。あれから20年近くの年月が過ぎたことになるが，教育課程に情報教育が順次組み込まれてきたことは周知の通りである。

　一方，社会の情報化の流れはますます急速になり，私たちの生活環境は今まさに大きな変革を遂げようとしている。発明からわずか50年程度の歴史しかないコンピュータが，これ程までに発展・普及し，私たちのあらゆる分野に浸透して生活の必需品として位置づけられるとはいったい誰が想像できたであろうか？

　高度情報通信社会の到来により生活環境はより便利な社会になろうとしているが，これ自体が新しい複雑な問題を惹起させているのである。これは，未だ人類の経験したことのない新しい社会を構築するものであり，世界中の誰にとっても初めての経験といえるのである。したがって，私たちはこの新しい社会において必要な能力とは何であり，またそれをどのように育成しなければならないのかということを究めなければならない。そして，従来の能力観や学力観に対しても，新しい価値観や柔軟な評価観で対応しなければならないのである。これが，21世紀を展望する情報教育の基本的な考え方である。

　高等学校段階は，初等中等教育における情報教育の完成の段階であり，すべての生徒に対し，情報社会に主体的に対応するために社会人として必要な能力と態度を育てなければならないとされ，情報教育の目標の観点に掲げられた能力や態度を，バランスよく身に付けさせなければならない。教科「情報」における実習は，そのためにも早期に事例を収集しまとめる必要があったのである。

　本書は，上記のような必要性に応えるために執筆・編集されたもので，実習事例の提供者は，全国でも情報教育の第一線で活躍されている高等学校の先生方（6ページを参照）である。ここに，感謝の意をあらわしたい。本書が教科「情報」の教育や研究に関心を持つものにとってその一助になれば幸いである。

　　　　　　　　　　　　　　　2003年7月11日　　松　原　伸　一

目　　次

　　　　　　　　　　　　　　　　　　　　　　　（実習番号）　ページ

まえがき　　　　　　　　　　　　　　　　　　　　　　　　　3

Part1：教科「情報」の実習 編 ……………………………………7
　1　教科「情報」………………………………………………………8
　2　教科「情報」の実習事例の収集 …………………………………15

Part2：教科「情報」の実習事例 編 ………………………………21

1　プレゼンテーションとWebページ ……………………（ PW ）…23
　1　誰でもできる「プレゼンテーション」……………(PW-1)………24
　2　部活動に入ろう！……………………………………(PW-2)………31
　3　魅力ある旅行プランの企画と提案 …………………(PW-3)………37
　4　自己紹介のWebページを作ろう！ …………………(PW-4)………42
　5　Webページってなに？ ………………………………(PW-5)………47
　6　スライドショーで物語を作ってみよう ……………(PW-6)………54
　7　ポータルサイトを作成しよう ………………………(PW-7)………59
　8　プレゼンをしよう ……………………………………(PW-8)………62

2　情報検索，表計算とデータベース ………………………（ IR ）…67
　1　これであなたも検索名人!! …………………………(IR-1)………68
　2　アプリケーションソフトを用いたデータ処理を体験しよう
　　　　　　　　　　　　　　　　　　　　　　　　　(IR-2)………76
　3　データベースを設計・作成してみよう ……………(IR-3)………79
　4　「お絵かきロジックパズル」を作ろう ……………(IR-4)………85
　5　あなたはパン派，それともごはん派？ ……………(IR-5)………89

3　マルチメディア ……………………………………………（ MM ）…95
　1　不思議な写真を作ろう！ ……………………………(MM-1)………96
　2　®マークってなに？ …………………………………(MM-2)………100
　3　インタラクティブなWebページを作成しよう！ …(MM-3)………104
　4　コマーシャルを作ろう！ ……………………………(MM-4)………114
　5　CMを作ろう！ ………………………………………(MM-5)………118
　6　コーヒーの温度情報をディジタル化しよう ………(MM-6)………122
　7　何回ダビングできるかな ……………………………(MM-7)………127
　8　動画の基礎から始めよう！ …………………………(MM-8)………129

4 問題解決とコンピュータ ……………………………(PC)……131
  1 コンピュータを理解し上手に使おう！ …………(PC-1)……132
  2 コンピュータはどうやって記憶してるの？ …………(PC-2)……141
  3 操作マニュアルを作ろう！ ………………………(PC-3)……146

5 モデル化とシミュレーション ………………………(MS)……151
  1 13人の席替え ……………………………………(MS-1)……152
  2 表計算ソフトウエアでグラフを書いてみよう ………(MS-2)……158
  3 釣銭の問題を検証しよう！ ………………………(MS-3)……171
  4 簡易シミュレーションシステムを作ろう …………(MS-4)……176
  5 FAXはどうやって情報を送っているのだろう？ ……(MS-5)……182
  6 考えることの楽しさを知ろう！ …………………(MS-6)……188
  7 コンピュータに命令しよう！ ……………………(MS-7)……192

6 情報倫理とセキュリティ ……………………………(IE)……197
  1 自分の身を守るために ……………………………(IE-1)……198
  2 あれっ このメールは大丈夫？ …………………(IE-2)……202
  3 あれっ 私が写っている!? ………………………(IE-3)……205
  4 あなたの情報は安全ですか？ ……………………(IE-4)……208
  5 身のまわりに危険有り！ …………………………(IE-5)……215
  6 匿名希望 ……………………………………………(IE-6)……218
  7 話す，聞く，考える！ ……………………………(IE-7)……221

7 教員研修 ……………………………………………(TT)……229
  1 Windows NT ServerによるLANを構築しよう
     ……………………………………………………(TT-1)……230
  2 教員研修（解説）…………………………………(TT-2)……236

実習データCD－ROMについて ……………………………………239

凡例：教科「情報」の実習事例 編におけるアルファベットの略号は，以下の略である。
1 プレゼンテーションとWebページ　（PW）：Presentation and Web page
2 情報検索，表計算とデータベース　（IR）：
　　　　　　　　　　　　　　　　　　Information Retrieval, spreadsheet and database
3 マルチメディア　　　　　　　　　（MM）：Multimedia
4 問題解決とコンピュータ　　　　　（PC）：Problem solving and Computer
5 モデル化とシミュレーション　　　（MS）：Modeling and Simulation
6 情報倫理とセキュリティ　　　　　（IE）：Information Ethics and security
7 教員研修　　　　　　　　　　　　（TT）：Teacher Training

実習事例　提供者一覧

氏名	現在の所属 ※(前)は原稿執筆時の所属	実習番号
饗庭　学	滋賀県立安曇川高等学校	IR-5
青木　靖夫	滋賀県教育委員会事務局学校教育課 (前)滋賀県総合教育センター	TT-1
石谷　正	北海道札幌平岡高等学校	PW-1, PW-5, IE-2, IE-3, IE-4
臼田　三知永	東京都立蒲田高等学校	MM-6, MM-7
音野　吉俊	滋賀県立膳所高等学校	MM-3, MS-3, MS-4
河野　雅史	大分県立中津商業高等学校	MM-2, IE-1
黒川　豊治	東京都立工芸高等学校	MM-8
齋藤　実	埼玉県立川越高等学校	PC-1, MS-2
獅子堂　秀雄	滋賀県立国際情報高等学校	PC-2, PC-3, MS-7
清水　雅己	埼玉県教育局管理部総務課 (前)埼玉県教育局指導部指導課	MS-5, MS-6
下田　光一	東京都立武蔵高等学校	IR-1
須藤　崇夫	埼玉県総合教育センター (前)埼玉県立久喜北陽高等学校	PW-7, IR-2, IR-3
関根　伸一	学校法人中越学園中越高等学校	PW-6, IR-4
栃木　欣也	滋賀県立水口東高等学校	MS-1, IE-5, IE-6
中川　雅彦	滋賀県立彦根東高等学校	MM-1, MM-4
中村　公治	滋賀県立石山高等学校	PW-2, MM-5
鯰江　作弘	滋賀県立大津清陵高等学校 (前)滋賀県教育委員会事務局学校教育課	TT-2
益田　吉基	滋賀県総合教育センター (前)滋賀県立野洲高等学校	PW-8
水野　嘉基	椙山女学園高等学校	PW-3, PW-4
渡邉　雅信	延暦寺学園比叡山高等学校	IE-7

※氏名は五十音順

Part 1

教科「情報」の実習

> **トピックス**
>
> ### e-Learning と WBL
>
> 　e-Learningは，主としてIT関連技術を利用した教育であり，「ネットワークによる遠隔教育全般」と定義される（先端学習基盤協議会2001）。
>
> 　一方，WBT（Web Based Training）は，コンピュータやインターネットの普及により，インターネットやイントラネットのWWW（World Wide Web）を積極的に利用したTraining方式で，いわゆる遠隔学習方式の1つといえる。学校教育の場では，trainingのみならず，多くの学習活動が含まれるので，筆者は，WBTという用語より，WBL（Web Based Learning）という用語の方に親しみがある。WBLを定義すれば，Web利用を中心にして構築された遠隔学習方式ということになるだろう。次に，WBLとe-Learningの関係であるが，いずれも類似した概念であり，厳密に分けるのは困難であるが，e-Learningの範囲は，Webを利用した学習だけでなく，テレビ会議システムを利用した学習や通信衛星を利用した学習など，いわゆる遠隔教育システム全般を利用したものを含んでいるので，WBLより広い概念であるとしたい（右図参照）。

1 教科「情報」

1．高等学校における情報教育：教科「情報」

　高等学校における情報教育は，初等中等教育における完成の段階であり，すべての生徒に対し，情報社会に主体的に対応するために社会人として必要な能力と態度を育てなければならない。そのためには，情報教育の目標の3つの観点は，バランスよく身につけさせなければならない。教科「情報」には，普通教科「情報」と専門教科「情報」がある。普通教科「情報」は，情報社会の一員としての必要な能力と態度を，生徒に確実に身に付けさせることにあり，生徒が興味・関心等に応じて選択的に履修できるように，「情報A」，「情報B」，「情報C」の3つの科目が設けられ，高校の3年間の内に1科目以上を学習することになっているが，どの科目をどの学年で学習するかは各学校によって異なる。これらの3つの標準単位数は2単位なので，この場合は週当り2時間の学習ということになる。

　情報教育の目標は，
　　（ア）情報活用の実践力
　　（イ）情報の科学的な理解
　　（ウ）情報社会に参画する態度

の3つの観点にまとめられ，情報A，B，Cのいずれの教科においても共通である。

　情報Aでは，これらの3つの観点の中でも特に（ア）に重点を置き，高校生としての日常生活で，コンピュータやインターネットを活用できるための学習活動を行う。**情報B**では，上記の（イ）に重点を置き，コンピュータの機能や仕組み，内部でのデータ処理などについて科学的に理解し，コンピュータを利用して問題解決ができるようにするための学習活動を行う。**情報C**では，上記の（ウ）に重点が置かれ，ネットワークを積極的に利用した学習内容になっている（**表1参照**）。

　また，いずれの科目においても，情報社会で必要なルールやマナーについて取り扱われる。

表1a 普通教科「情報A」の科目の特徴

教　科	普通教科「情報」
科　目	情　報　A
教科・科目の目標の要点	ア　日常生活や職業生活において，コンピュータや情報通信ネットワークなどの情報手段を適切に活用し，主体的に情報を収集・処理・発信できる能力を育成。 イ　情報および情報手段をより効果的に活用するための知識や技能を定着させ，情報に関する科学的な見方・考え方を育成。 ウ　情報化の進展が人間や社会に及ぼす影響を理解し，情報社会に参加する上での望ましい態度を育成。
内容構成の重点	ア，イ，ウの三つの視点を盛り込んでいるが，特にアに重点を置いた内容の構成とする。
目　標	コンピュータや情報通信ネットワークなどの活用を通して，情報を適切に収集・処理・発信するための基礎的な知識と技能を習得させるとともに，情報を主体的に活用しようとする態度を育てる。
内　容	**(1) 情報を活用するための工夫と情報機器** 　ア　問題解決の工夫 　イ　情報伝達の工夫 **(2) 情報の収集・発信と情報機器の活用** 　ア　情報の検索と収集 　イ　情報の発信と共有に適した情報の表し方 　ウ　情報の収集・発信における問題点 **(3) 情報の統合的な処理とコンピュータの活用** 　ア　コンピュータによる情報の統合 　イ　情報の統合的な処理 **(4) 情報機器の発達と生活の変化** 　ア　情報機器の発達とその仕組み 　イ　情報化の進展が生活に及ぼす影響 　ウ　情報社会への参加と情報技術の活用
実　習	授業時数の2分の1以上
標準単位数	2単位

表1b　普通教科「情報B」の科目の特徴

教　科	普通教科「情報」
科　目	情　報　B
教科・科目の目標の要点	ア　日常生活や職業生活において，コンピュータや情報通信ネットワークなどの情報手段を適切に活用し，主体的に情報を収集・処理・発信できる能力を育成。 イ　<u>情報および情報手段をより効果的に活用するための知識や技能を定着させ，情報に関する科学的な見方・考え方を育成。</u> ウ　情報化の進展が人間や社会に及ぼす影響を理解し，情報社会に参加する上での望ましい態度を育成。
内容構成の重点	ア，イ，ウの三つの視点を盛り込んでいるが，特にイに重点を置いた内容の構成とする。
目　標	コンピュータにおける情報の表し方や処理の仕組み，情報社会を支える情報技術の役割や影響を理解させ，問題解決においてコンピュータを効果的に活用するための科学的な考え方や方法を習得させる。
内　容	**(1) 問題解決とコンピュータの活用** 　　ア　問題解決における手順とコンピュータの活用 　　イ　コンピュータによる情報処理の特徴 **(2) コンピュータの仕組みと働き** 　　ア　コンピュータにおける情報の表し方 　　イ　コンピュータにおける情報の処理 　　ウ　情報の表し方と処理手順の工夫の必要性 **(3) 問題のモデル化とコンピュータを活用した解決** 　　ア　モデル化とシミュレーション 　　イ　情報の蓄積・管理とデータベースの活用 **(4) 情報社会を支える情報技術** 　　ア　情報通信と計測・制御の技術 　　イ　情報技術における人間への配慮 　　ウ　情報技術の進展が社会に及ぼす影響
実　習	授業時数の3分の1以上
標準単位数	2単位

表1c　普通教科「情報C」の科目の特徴

教　科	普通教科「情報」
科　目	情　報　C
教科・科目の 目標の要点	ア　日常生活や職業生活において，コンピュータや情報通信ネットワークなどの情報手段を適切に活用し,主体的に情報を収集・処理・発信できる能力を育成。 イ　情報および情報手段をより効果的に活用するための知識や技能を定着させ，情報に関する科学的な見方・考え方を育成。 ウ　情報化の進展が人間や社会に及ぼす影響を理解し，情報社会に参加する上での望ましい態度を育成。
内容構成の重点	ア，イ，ウの三つの視点を盛り込んでいるが，特にウに重点を置いた内容の構成とする。
目　標	情報のディジタル化や情報通信ネットワークの特性を理解させ，表現やコミュニケーションにおいてコンピュータなどを効果的に活用する能力を養うとともに，情報化の進展が社会に及ぼす影響を理解させ，情報社会に参加するうえでの望ましい態度を育てる。
内　容	(1) 情報のディジタル化 　ア　情報のディジタル化の仕組み 　イ　情報機器の種類と特性 　ウ　情報機器を活用した表現方法 (2) 情報通信ネットワークとコミュニケーション 　ア　情報通信ネットワークの仕組み 　イ　情報通信の効果的な方法 　ウ　コミュニケーションにおける情報通信ネットワークの活用 (3) 情報の収集・発信と個人の責任 　ア　情報の公開・保護と個人の責任 　イ　情報通信ネットワークを活用した情報の収集・発信 (4) 情報化の進展と社会への影響 　ア　社会で利用されている情報システム 　イ　情報化が社会に及ぼす影響
実　習	授業時数の3分の1以上
標準単位数	2単位

2．情報教育における問題解決

　情報教育は，ディジタル社会においてより良く生きるための教育であり，ただ単にパソコンの使い方やインターネットの利用法を教えるものではない。それは，いわゆる情報社会において，問題や課題を自らが発見・認識し，ディジタル環境（ネットワークや情報機器等を駆使してディジタル情報を容易に操作できる環境）を効果的に利用して，客観的で科学的な知識をベースに，その問題解決ができる能力を育てることに重点が置かれなければならない。

　情報社会においては，従来から行われてきた専門教育としてのプログラミング教育に対して，普通教育としての位置づけが必要であると考えていた。それは，普通教育においては職業教育としてではなく，コンピュータの仕組みやはたらきについて理解するとともに，問題を客観的に理解しその解決の方法を見いだすための論理的な思考を養うことに重点がおかれなければならないということであり，この研究を進めることにより，プログラミング教育の目標は，問題解決の能力を養うことにあるといえるという見解に達したのである。つまり，高度情報通信社会において必要な能力の一つに問題解決能力があるが，これはまさに，問題の具体化・モデル化・最適化などの概念を含み，プログラム言語の教育と類似していることに気づいたのである。このことから，筆者は，一般に問題の解決には次のような段階があり，必要に応じて下記の操作が繰り返し行われるものであると考えるに至ったのである。

表2　問題解決のプロセス

段　　階	説　　明
（ア）問題の意識	抽象的または直観的に問題を意識する段階
（イ）問題の分析	その問題を客観化・一般化する段階
（ウ）問題の照合	既に一般化された問題と照合する段階
（エ）解決法の照合	既に一般化された方法の中から解決の糸口を見いだす段階
（オ）解決法の修正	一般化された解決の方法を問題に適合するように部分的に修正する段階
（カ）解決法の意識	解決の方法を具体化して意識する段階
（キ）解決法の実行	意識した解決法を実行する段階
（ク）解決法の評価	実行した結果を評価し，問題の解決の効果を検討する段階
（ケ）解決法の一般化	修正した解決法を一般化する段階

3．情報教育の課題と展望

　以上のように情報教育について述べてきたが，ここでは，これらをまとめる意味もあり，この情報教育の課題について考察したい。その課題は，①社会の情報化にどのように対応するか，②情報技術教育を充実させるにはどうすれば良いか，③小中高の一貫性，④教育環境の整備，⑤情報倫理教育などである。この課題の背景には高度情報通信社会の到来があり，情報のディジタル化，情報のマルチメディア化，情報のネットワーク化，情報の国際化，情報の仮想性などを特徴としてあげることができる。そしてこのような状況を踏まえて，学校教育をどのように進めていけば良いのかということになる。文部省（現　文部科学省）の学習指導要領は，幼稚園，小学校，中学校については1998年12月14日に告示があり，高校は少し遅れることになったが，1999年3月29日に告示されたことは周知の通りである。

　現在は，情報教育の同時性と言われるように，コンピュータ利用に関わる学習は，年齢を問わず導入時期に合わせてそれぞれに必要になっている。しかし時間が経てば，情報リテラシー教育はより低学年に移行し，高学年では更に内容のあるものが求められるだろう。すなわち，コンピュータの操作やソフトウェアの利用の仕方ばかりに傾いていたのでは，この問題はますます大きいものとなる。つまり操作や仕方は「手続き」の一種であり，これは低学年に移行することができるが，解決する課題に学習者の発達段階を考慮する必要がある。例えば，「インターネットの検索機能を利用して○○について調べよう」という課題は，低年齢の段階でも学習することができる。これは，学習内容として「検索エンジンの利用の仕方を理解する」ことに主眼がおかれているからであり，検索するというプロセスを通して，その結果を考察し自らの意見を整理することまでを学習範囲に入れれば，学習する対象としての概念は，易から難までの幅のある課題を設定することができるのである。

　もちろん，操作や仕方すなわち「手続き」に固執しても難易の幅を持たせることはできる。例えば文字だけのWebページを作ることを初期の課題にし，後に音声や画像，映像を貼りつける課題を追加する場合がこれに当たる。それはアプリケーションソフトのより高度なテクニックへと進展しているに過ぎない。

　次に指摘したい課題は，教育用コンテンツとは何かということである。最近特にコンテンツという言葉が多く使われるようになってきているが，その意味が少しず

つ異なって利用されているようである。例えば放送メディア業界ではコンテンツと言えばそこで作成される番組のことであるが，インターネット関連業界ではコンテンツと言えば，ディジタルコンテンツ，マルチメディアコンテンツという言葉に代表されるようにコンピュータを介して閲覧することができるディジタル情報の内容を指す。教育に関係して考えれば，コンテンツとは学習内容そのものであり，提供されるディジタルコンテンツは教育の素材であっても教材ではない。その素材をどのように取り上げて，どのように提示し，その結果どのような能力や知識や技能や態度を養うのかということが考慮に入れられていなければならないのである。教材化の意味はここにある。その意味では，インターネット関連業界のコンテンツは仮にそれが平易な記述で分かりやすく表現され教育用コンテンツ(educational contents)と表現されても，教育用リソース(educational resource)である場合が多いのである。

2　教科「情報」の実習事例の収集

1．教科「情報」の実習

　教科「情報」には，普通教科「情報」と専門教科「情報」があるが，本書では，普通教科「情報」についての実習を取り上げる。

　普通教科「情報」においては，生徒の興味・関心を高め，自己学習力を育成することであり，そのためには，必然性を配慮して学習過程を計画し，学習の必要性を生徒が十分認識し，また，学習の成果を生徒自身で評価し改善できる力を身につけさせることが大切であるとされる。

> **普通教科「情報」の実習の役割**
> 興味・関心を高め，自己学習力を育成
> ・必然性を配慮した学習過程を計画
> ・学習の必要性を認識させる
> ・学習成果を生徒自身が評価

　普通教科「情報」では，「情報A」で総授業時間全体の2分の1以上を，「情報B」および「情報C」では，3分の1以上を実習に配当しなければならない。

　以上のように，科目によって実習の配当時間が異なるが，他教科に比べると，授業の総時間数に対して実習時間の占める割合は大きく設定されているため，授業を展開する上で，実習がいかに重要であるかを認識せざるを得ない。

> **普通教科「情報」における実習の配当時間**
> （総授業時間に対する実習時間の割合）
>
> 情報A　1／2　以上
> 情報B　1／3　以上
> 情報C　1／3　以上

2．実習事例の収集とその分類

(1) 実習事例の収集

　実習事例の収集については，本来なら，教科「情報」が平成15年度から始まることから，早くても平成15年度末まで待たねばならないと考えられた。しかし，前にも述べたとおり，授業展開の上で実習が重要であるとの認識から，教育現場からの実習事例提供の要望が多かったのである。そのような理由から，教科「情報」

の授業がまだ始まっていない時期ではあるが，既に情報教育を先進的に進められ，多くの成果を上げておられる先生方に協力を頂くことができたのである。その多くは，編著者の勤務する地域の先生方を中心にした研究会の発足からその活動の中で収集の計画がたてられたが，実習事例をより充実させるため，北は北海道，南は九州の，総計20人の先生方から協力を頂くことができたのである。収集された実習事例は，慎重に分析され，結局のところ，40事例（1事例の資料を含む）としてまとめることができた。

(2) 実習事例の分類

収集された実習事例は，次の7つのカテゴリに分類し，それぞれを，PW，IR，MM，PC，MS，IE，TTのコードで整理することにした。これらの分類は，表1に示す通りである。

表1　実習事例の分類

分類（カテゴリ）	分類コード	（参考）
①プレゼンテーションとWebページ	PW	Presentation and Web page
②情報検索，表計算，データベース	IR	Information Retrieval, spreadsheet and database
③マルチメディア	MM	Multimedia
④問題解決とコンピュータ	PC	Problem solving and Computer
⑤モデル化とシミュレーション	MS	Modeling and Simulation
⑥情報倫理とセキュリティ	IE	Information Ethics and security
⑦教員研修	TT	Teacher Training

①[PW]は，PowerPointを使用したプレゼンテーションの他に，テキストエディタ，ホームページ作成ソフト，Microsoft Wordを使用したWebページの作成に関する実習である。②[IR]は，ブラウザを使用した情報検索，表計算ソフトのデータベース機能を使用したデータの整理，Microsoft Accessを使用したデータベースの設計・作成，Microsoft Excelを使用したお絵かきロジックパズル，データベースソフトや表計算ソフトを使用した情報収集・発信の実習である。③[MM]は，静止画の処理，動画編集，情報のディジタル化に関する実習である。④[PC]は，問題解決の流れと手順，コンピュータによる情報処理，コンピュータの仕組みに関する実習である。⑤[MS]は，モデル化とシミュレーション，アルゴリズムに関す

る実習である。6 [IE]は，個人情報，チェーンメール，著作権，セキュリティ，チャットやディベートによる問題解決に関する実習である。7 [TT]は，教員研修の立場からの事例としてLAN構築の実習の他に，教員研修に関する解説資料である。

(3) 実習事例の表現方法　～実習事例用共通フォーマット～

　実習事例は，授業者の個性をよく反映している。授業の進め方やその表現方式には幾つものパターンが見られた。これらは，それぞれの特徴があるために生じるもので，むしろ歓迎されるものである。しかし，読者にとってわかりやすく表現するためには，ある程度の共通性や統一性が求められるのも事実である。これらの観点は互いに相反することもあるが，この点について，十分検討した結果，次のような原則のもとにまとめることにしたのである。

　原則1. 事例の提供者の表現（文体等）は，できる限り尊重する。

　原則2. 事例の記述は，原則として右に示す構造とするが，実習を効果的に表現するために，独自の表現も可とする。

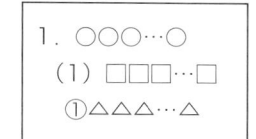

　原則3. 多様な表現による複雑さを緩和するため，各事例に共通のフォーマットを決め，各実習事例はそのフォーマットを文頭におくことにする。その共通フォーマットは，表2の通りである。

```
1. ○○○…○
 (1) □□□…□
  ①△△△…△
```

図1　文章の構造

表2　各実習事例に共通なフォーマット（例）

実習番号	○○－1
具体的で正確な表現	問題解決の工夫について学ぶ
必要な設備／環境	コンピュータ
使用するソフトウェア	Microsoft Word, Microsoft Excel
単元	情報A（1）ア
目標	手段や方法の違いにより結果が異なることがあることを理解する。
配分時間	4時間
実習をするために必要な予備知識やスキル	コンピュータの起動や終了の他に，基本的な操作（日本語入力などを含む）ができること。
その他（環境・教材）	特になし
（他に必要な項目があれば加えてもよい。）	－

(4) 実習事例一覧

各実習事例について，実習事例名と使用ソフトウェア（主なもの）を一覧にして表3に示す。なお，使用ソフトウェアの欄では，一般名称（例えば，表計算ソフトウェア）または商品名（例えばExcel）のどちらを記入するかについては，原則として，事例提供者の表現に従うことにした。

表3 実習事例一覧と使用ソフトウェア

番号	実習番号	実習事例名	主な使用ソフトウェア
1	PW-1	誰でもできる「プレゼンテーション」	PowerPoint
	PW-2	部活動に入ろう！	PowerPoint
	PW-3	魅力ある旅行プランの企画と提案	PowerPoint, Photo Editor, Photoshop
	PW-4	自己紹介のWebページを作ろう！	メモ帳, Photo Editor, Photoshop
	PW-5	Webページってなに？	ホームページビルダー
	PW-6	スライドショーで物語を作ってみよう	PowerPoint, ウェブアートデザイナー
	PW-7	ポータルサイトを作成しよう	Word
	PW-8	プレゼンをしよう	PowerPoint
2	IR-1	これであなたも検索名人！！	ブラウザ, 表計算ソフトウェア
	IR-2	アプリケーションソフトを用いたデータ処理を体験しよう	Excel
	IR-3	データベースを設計・作成してみよう	Access
	IR-4	「お絵かきロジックパズル」を作ろう	Excel
	IR-5	あなたはパン派，それともごはん派？	Access, Excel
3	MM-1	不思議な写真を作ろう！	Photoshop
	MM-2	®マークってなに？	Photoshop elements
	MM-3	インタラクティブなWebページを作成しよう！	メモ帳, ブラウザ, Photo editor, FTPソフト

	MM-4	コマーシャルを作ろう！	動画像編集ソフト (Ez Edit)
	MM-5	CMを作ろう！	ビデオ編集ソフト (Canopus DVRaptor)
	MM-6	コーヒーの温度情報をディジタル化しよう	表計算ソフトウェア
	MM-7	何回ダビングできるかな	（必要なし）
	MM-8	動画の基礎から始めよう！	動画編集ソフト等
4	PC-1	コンピュータを理解し上手に使おう！	表計算ソフトウェア
	PC-2	コンピュータはどうやって記憶してるの？	Excel，ブラウザ
	PC-3	操作マニュアルを作ろう！	Word，描画ソフト，表計算ソフト等
5	MS-1	13人の席替え	表計算ソフトウェア
	MS-2	表計算ソフトウェアでグラフを書いてみよう	表計算ソフトウェア
	MS-3	釣り銭問題の検証しよう！	表計算ソフトウェア
	MS-4	簡易シミュレーションシステムを作ろう	表計算ソフトウェア
	MS-5	FAXはどうやって情報を送っているのだろう？	言語処理プログラム
	MS-6	考えることの楽しさを知ろう！	（必要なし）
	MS-7	コンピュータに命令しよう！	表計算ソフトウェア
6	IE-1	自分の身を守るために	（必要なし）
	IE-2	あれっ　このメールは大丈夫？	電子メールソフト
	IE-3	あれっ　私が写っている！？	ブラウザ
	IE-4	あなたの情報は安全ですか？	電子メールソフト
	IE-5	身のまわりに危険有り！	ブラウザ
	IE-6	匿名希望	チャットソフト
	IE-7	話す，聞く，考える！	PowerPoint
7	TT-1	WindowsNTServerによるLANを構築しよう	WindowsNTServer
	TT-2	教員研修（解説）	（必要なし）

Part 2

教科「情報」の実習事例 編

1. プレゼンテーションと Web ページ

2. 情報検索，表計算，データベース

3. マルチメディア

4. 問題解決とコンピュータ

5. モデル化とシミュレーション

6. 情報倫理とセキュリティ

7. 教員研修

1 プレゼンテーションとWebページ

1　誰でもできる「プレゼンテーション」

実習番号	PW－1
具体的で正確な表現	プレゼンテーション
必要な設備・環境	パソコン，ビデオプロジェクタ等
使用するソフトウエア	Microsoft PowerPoint 2000
単元	情報A(1)イ
目標	情報伝達する手段として，「プレゼンテーション」を取り上げ，的確な情報の伝達手段と意義を理解させ，どのような工夫が必要か実習を通じて理解する。
配分時間	8～12時間
実習をするために必要な予備知識やスキル	なし
その他	操作法に深入りしないように注意する。

1．プレゼンテーション

　この単元では情報活用実践力の育成，主には「プレゼンテーション」についての実習方法について紹介する。ビジネスの社会では「プレゼンテーション」は，必要不可欠なものである。例えば「商品開発」や「新製品発表」等で日常的に行われている。学校では，コンピュータを活用したプレゼンテーションは最近多く行われているが，以前にも「学習発表会」や，「修学旅行」での自主研修でのレポート発表，また専門高校では「課題研究」という科目で，自らテーマを設定し「調査・研究」を行い，まとめとして発表会を行っている。今回の教科「情報」の新設により，より多くの高校生がプレゼンテーションを経験することになる。では，どのように授業で実習していくか，について紹介する。

2．プレゼンテーションの意味と実習方法

　はじめに，「プレゼンテーション」について説明する必要がある。これを説明するときに身近な例をあげ，今まで誰でも経験していることであるということを強調した方がよい。「プレゼンテーション」という言葉が，生徒にはあまりなじみがないかもしれない。しかし，身近な例をあげて説明することで「今まで誰もが経験している」ことに気づかせ，実習で作成したことが，高校卒業後の進学・就職試験で活用できることを話しておく。なお，説明時にプレゼンテーションソフトを活用し，電子黒板として行う方法もある。

●身近な例
① 自己紹介（自己PR）
② 学習発表会での発表
④ 学校案内・部活動紹介など…

3．プレゼンテーションの作成方法

　実際に作成するとき，どのように作成すればよいのであろうか。下記にその手順を表した。

●作成の手順

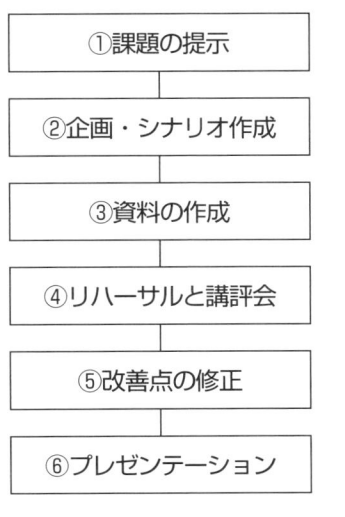

手順	内容
①課題の提示	作成するテーマを生徒に提示する。 例．「自分の自己紹介」
②企画・シナリオ作成	課題についてどのような内容にするか考える →「企画シートの活用」
③資料の作成	ソフト等を活用して，自由に作成する（操作法はサブテキストを見ながら，…）。
④リハーサルと講評会	作成したプレゼンテーションについて4人程度のグループを組み，グループ内でリハーサルと講評会
⑤改善点の修正	講評会で改善点が話された場合，検討して改善する。
⑥プレゼンテーション	本番のプレゼンテーション。

① 課題の提示

　はじめに，生徒にどのようなプレゼンテーションを作成するか，「テーマ」を提示する。これからいくつかのプレゼンテーションを作成する最初として，「簡単なもの」にした方がよい。よくあるのが「自分の自己紹介」である。といっても，どのような作品を作成してよいのかわからない生徒がいると思うので，教師が見本の作品をあらかじめ制作しておき，それを生徒に提示する。なお，コンピュータと専用ソフトを利用して行う方法が良いだろう。

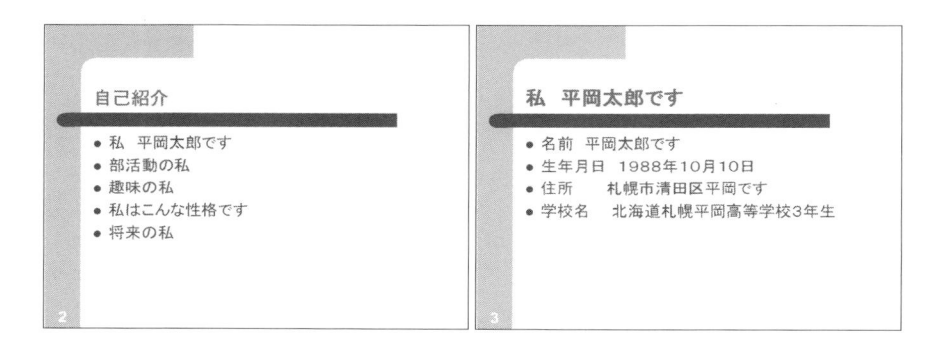

自己紹介
- 私　平岡太郎です
- 部活動の私
- 趣味の私
- 私はこんな性格です
- 将来の私

私　平岡太郎です
- 名前　平岡太郎です
- 生年月日　1988年10月10日
- 住所　　札幌市清田区平岡です
- 学校名　北海道札幌平岡高等学校3年生

部活動の私
- 吹奏楽部に入っています。
- 吹いている楽器　バスクラリネット
- 活動の内容　　定期演奏会
　　　　　　　　吹奏楽コンクール　高文連
- 厳しさにも楽しさあり，一致団結でがんばっています。

プレゼンテーションの例
（自己紹介をテーマに作成）
なお，Microsoft PowerPoint を利用して作成している。

● 企画シートの例

プレゼンテーション企画シート

テーマ	
タイトル	
作成者	年　　組　氏名
作成期間	平成　　年　　月　　日　～　　月　　日
発表日	平成　　年　　月　　日
具体的な内容	
スライドの流れ	① ② ③ ④ ⑤ ⑥ ⑦ ⑧
その他	

←このシートに思うことをいろいろ記入していく

② 企画・シナリオの作成

　テーマが提示されたら，どのような内容で作成するか「企画作り」を行う。この企画作りは，作成上の条件を提示させ，あとは生徒に自由に取り組みさせる。
　つまり，はじめは，作品の内容を自由に作らせてみる。そのときに，生徒が作成の流れや企画の内容を書き込むような「企画シート」を用意しておいたほうがよいだろう。生徒は作成中にいろいろ構想が浮かんでくる。

③ いざ作成！　でも，まず「慣れよう」

　ここから，各自で作成の作業となる。基本的に「企画シート」にしたがって，自由に作成する。それは，使用するソフトに慣れるということも含んでいる。PowerPointなどのプレゼンテーション作成ソフトがあればそれを活用すればよいが，学校に導入されていない場合，ワープロソフトがあれば，十分対応が可能であ

1　誰でもできる「プレゼンテーション」　　27

る。またフリーソフトでも同様のソフトがあるので，それを活用するとよい。なお，注意してほしいのが，あくまでも「慣れる」ことだけで，ソフトの操作法の授業ではないこと。サブテキストがあれば，生徒は「それを見ながら」操作することが出来る。サブテキストには使い方が記入されているので，生徒はそれを見ながら作成できる力がついている。

　また，自分でやってみて「発見」できることもある。また，失敗してもそこから「発見」できるものもある。「失敗は成功の鍵」であるように，失敗を繰り返しながら，作品制作のコツを自然に学んでいき，最後には「立派なプレゼンテーション」が作成できるだろう。生徒の「企画力」や「想像力」「表現力」を見ることになると思う。決して，作品に「規制」をかけないことが大切である。

④ 作品ができたら「リハーサル」（講評会）

　作品ができたら，講評会をして，自分の作品について意見・感想を聞く。いわば，プレゼンテーション前のリハーサルである。3～5名程度のグループを編成し，そのグループ内で，批評を行い，改善すべき箇所があれば，それぞれ指摘をしてもらう。そこで，改善点があれば，それぞれ修正し，その後再度講評会を行い，改善点を中心に見てもらう。これを行うことにより，生徒それぞれのプレゼンテーションに対しての意識が高まる。

⑤ いざ「本番！プレゼンテーション！」

　いよいよ発表会である。本番のプレゼンテーションである。テーマの設定から企画・作成・リハーサルそして発表である。ここまでの一連が「プレゼンテーション」であるが，最後の発表の方法が「成功の鍵」を握っていると考えてもよい。生徒は大勢の前で発表すると緊張すると思うが，よい緊張感を持ちながら自分が作成した作品を発表することは，今後の高校生活において，「自信」をつけるきっかけとなると思う。方法としては，教室のプロジェクタ（またはOAボード）に映しながら，コンピュータを操作し発表する。なお，見ている生徒には，「審査員」となってもらい，「チェックリスト」を配布して，講評をしてもらう。そのとき，項目別に3段階でつけることにより，教師は生徒がどの視点や角度から審査しているかを見ることができる。このようなことを行うことによって，単なる「発表会」ではなく，本来の意味を持つプレゼンテーションの場になるだろうと考えられる。

● プレゼンテーションチェックリスト（例）

　　　　　　　　　　月　　　日　　　時間目

タイトル				
評価の観点		A	B	C
内容等	内容が理解できたか			
	要点がまとめられていたか			
話す・資料	話す言葉が理解できたか			
	資料は見やすかったか			
	資料を見て理解できたか			
行動	自信を持って行っていたか			
	ボディランゲージは適切だったか			
講評・感想				

このチェックリストは例であり，内容や評価の段階などはそれぞれの実態に合わせて作成した方がよい。

⑥ まとめとして（プレゼンテーションの６つのポイント）

　プレゼンテーションとは，いかに相手に正確な情報を伝えるかである。プレゼンテーションを効果的にするためには，以下のポイントがある。

> （ア）正確な情報
> （イ）起承転結
> （ウ）ポイントを整理して簡潔に
> （エ）見せる効果（読むのではなく見せる！）
> （オ）シンプル・イズ・ベスト
> （カ）「つかみ」と「しめ」

　特に「見せる効果」について，例えばスクリーンに長い文章がそのまま映し出された場合，果たして読むだろうか？細かい字などはほとんど見えないだろう。これは「逆効果」であり，読むことを要求しているだけで，プレゼンテーションとはいえないのである。むしろ話の要点を「見せる」ことで興味を持ってもらい，スクリーンやスピーカーからの説明を視覚的に訴えることができるのである。そこで，ポイントを整理して簡潔に提示することで，見ている人は何を訴えているのかがわかる仕組みとなるのである。

　また，「シンプル・イズ・ベスト」も大切である。市販されている多くのプレゼンテーションソフトには，「アニメーション効果」機能がついているが，使い方によっ

ては「逆効果」になる場合がある。例えば，強調したいところで「音」の効果や，テキストの字体が回転をしながら表示するようなスライドを見るが，よく聞いていると，説明とスライドが全くあわず，「何を訴えたいのか」が全然わからないことがあった。生徒が作品製作を行うとき，アニメーション効果を使って作成する場合が多いが，完成後作品を見てみると，アニメーション効果だけが全面に出てしまい，せっかく時間をかけて作成した作品でも，「何を説明しているのか」がわからない場合が多い。実際に経験をさせて見るのが一番であり「単純ではあるが，内容がわかる」つまり「シンプル・イズ・ベスト」がプレゼンテーションでは大切であることが理解できるのではないかと思う。

最後に「つかみ」と「しめ」と記述した。初めの部分で興味を引きつける話題や演出する「つかみ」で見ている人の視覚を引きつけ，「しめ」で最後に要点を列挙して結論を強調させるまとめかたを行えば，内容のある効果的なプレゼンテーションになるのである。

「習うより慣れろ」。生徒に経験をさせることによって，ここから生まれる効果は計り知れないものになる。そのことに期待したい。

2　部活動に入ろう！

実習番号	PW－2
具体的で正確な表現	情報伝達の工夫
必要な設備・環境	液晶プロジェクタ，スクリーン，ディジタルカメラ，イメージスキャナ，ディジタルビデオカメラ，模造紙，OHP，TPシート
使用するソフトウエア	プレゼンテーションソフト (Microsoft PowerPoint 2002)
単元	情報A（1）イ
目標	情報の的確な伝達方法を体験的に理解させる。
配分時間	導入3時間，展開7時間，まとめ2時間
実習をするために必要な予備知識やスキル	プレゼンテーションソフトの基本操作ができることを前提とするが，必ずしも必要とはしない。
学習形態	5，6人程度のグループ

1．はじめに

　情報を的確に伝達するためには，伝達内容に適したメディア並びに表現方法の工夫が必要である。プレゼンテーションとは，ただ漫然と話をするのではなく，限られた時間内に自分の持つ知識や意見を意図した通りに伝えるといった目的をもつ活動である。したがって，聞き手の立場に立って，話す内容を組み立て，話の効果を高めるための表やグラフ，写真や絵，動画など表現を工夫する必要がある。ここでは，部活動紹介という題材を用い，プレゼンテーションの実習を通して体験的に理解させる。

表1　学習の流れ

	学習活動	指導上の留意点
導入	プレゼンテーションとは。 ・プレゼンテーションについて学ぶ。 ・プレゼンテーションソフトの基本操作について実習する。	プレゼンテーションについてのプレゼンテーションを教師が行ってみる。 事前に簡単なマニュアルを作成しておくと良い。

	学習活動	指導上の留意点
展開	部活動を紹介しよう。 ・学習課題をつかむ。 ・5，6人のグループをつくる。 ・各グループで，どの部について紹介するかを決める。 ・構想，活動計画，プレゼンテーションに用いるメディアについて話し合う。 ・話し合いをもとに役割分担を決める。 ・役割ごとに情報収集を行う。 ・プレゼンテーションの資料を作成する。 ・各グループでリハーサルを行う。 ・リハーサルをもとに改善を行う。 部活動紹介のプレゼンテーションを行う。 ・グループごとにプレゼンテーションを行う。 ・評価シートを用い相互評価を行う。 効果的なプレゼンテーションとは。 ・評価シートに基づき，各グループで改善点について話し合う。 ・話し合いに基づき，改善点に関するプレゼンテーションの準備を行う。 ・各グループでリハーサルを行う。 ・リハーサルをもとに改善を行う。	プレゼンテーションの時間設定を含め，学習課題，流れを説明する。 メディアの限定はしない。紹介するポイントを明確にさせる。 役割分担は，決めさせるがグループとしてのプレゼンテーションを意識させ，全体の流れの組み立てを重視するよう指示する。 1グループ5分以内。時間を超過しないよう指示する。 良い点を積極的に評価するよう配慮する。 良かった点は，どこがどのように良かったのか。改善点はどこをどのように改善したのか。改善前，改善後の資料を提示するよう指示する。
まとめ	改善点についてのプレゼンテーションを行う。 ・グループごとに改善点についてのプレゼンテーションを行う。 ・各グループのプレゼンテーション終了時に質疑応答を行う。	1グループ5分以内で，改善点についてのプレゼンテーションを行わせ，2分間の質疑応答を行わせる。質疑が出やすくするための働きかけ等の支援を行う。

2．プレゼンテーション用ソフトウェアについて

　導入のプレゼンテーションソフトの基本操作についての実習では，Microsoft社のPowerPointやLotus社のFreelance等のプレゼンテーションソフトを用いるが，ブラウザを用いることも可能である。以下にプレゼンテーションソフトとブラウザの利用に関する特徴をまとめた。

表2　プレゼンテーション用ソフトウェアの特徴

	プレゼンテーションソフト	ブラウザ
動画，音声等の取り込み	可能	可能(一部Plug-inが必要) 3D等，取り込める素材が豊富
コンテンツのアプリケーション依存	アプリケーション依存有り	基本機能についてはアプリケーション依存無し
発表時の操作性	容易	容易
作成の容易さ	容易	HTML等の理解が必要
画面移動の制御機能	ページめくり的な制御が中心。	ハイパーリンクにより自由な画面移動が可能
シミュレーション等の利用	難しい	Javaなどのプログラムを利用することができる

(文部省　「平成11年度　新教科「情報」指導者研究協議会　資料」より)

3．グループ活動について

　同じ部活動に所属する生徒でグループを構成する場合は，その部活動の紹介の構想，活動計画を話し合い，役割分担を決め，情報収集，資料作成をさせる。異なる部活動に所属する生徒，また部活動に所属しない生徒を含んでグループを構成する場合には，まずどの部活動の紹介を行うのかを決め同様に活動させる。ただし，役割分担を決めさせるが，グループとしてのプレゼンテーションを意識させ，役割ごとに1枚ずつの画面を作成する場合には，それぞれの画面の構成も大切であるが，文章に起承転結があるように，全体としての流れの組み立てを重視するよう配慮が必要である。

4．構想について

　構想を立てるときには，5W3H(Whom聞き手，Why目的，What内容，When時期および回数，Where場所，How手段，How many聞き手の人数，How much費用)を明確にさせる必要がある。特に今回は，「なぜ，何のためにプレゼンテーションを行うのか」というWhy，「話し手が伝えたいこと，ポイントにおきたいことは何か」という話し手のWhat，「聞き手は何を求めているのか」という聞き手のWhatという点から目的を整理して明確にさせる必要がある。

5. プレゼンテーションに用いるメディアについて

　ここでは，プレゼンテーションに用いるメディアについて限定しない。教科「情報」だからスライドをプレゼンテーションソフトで作らなければならないといったことはない。WebページやOHP，場合によっては模造紙や黒板を利用しても実習はできる。メディアにはそれぞれの長所と短所がある。それらの特徴を理解し，長所を生かすように利用する。また，短所を他のメディアで補うといった利用もできる。以下に，黒板，OHP，プロジェクタとパソコンに関する代表的な長所と短所を示した。

表3　代表的な特徴

	黒板	OHP	プロジェクタ＋PC
長所	・その場で書ける。 ・書くという動作は，強調動作になる。長い時間提示できる。 ・書くスペースが大きい。	・明室投映が可能。 ・再度投映できる。 ・書く時間を省くことができる。 ・比較的複雑な図解や写真も表示できる。 ・簡単な動画表現も可能。 ・色々な強調表現が可能。 ・加筆が可能。	・パソコンやVTRの投映が可能。 ・静止画や動画，音声といったマルチメディア素材を表示できる。 ・インターネット等の情報をその場で投映できる。 ・コンピュータ教育に適している。 ・OHPと同様な利用も可能。
短所	・書くのに時間がかかる。 ・消した内容は，再度示せない。 ・複雑な表現には向かない。	・一画面の投映時間が黒板より短い。 ・設置に時間がかかる。 ・話のテンポが速くなりがちである。	・OHPと同様の欠点をもつ。 ・画面が暗く，コントラストの低い装置がある。 ・プレゼンテーション中での操作が複雑になることがある。 ・凝った動画やシミュレーションを作成するには時間がかかる。

(文部省　「平成11年度　新教科「情報」指導者研究協議会　資料」より)

6. 画像のファイルサイズについて

　ディジタルカメラやイメージスキャナからプレゼンテーション用ソフトに取り込んだ画像は，大きくなりがちである。画像を縮小したり，トリミングを行ってバラ

ンスのよい画像にする必要がある。ただし，この操作では画像のファイルサイズは元のままである。例えば，Microsoft社のPowerPoint 2002ではファイルの保存の際，「画像の圧縮」を選択しオプションで「図の圧縮」，「図のトリミング部分の削除」を行えば画像のファイルサイズを最適化することができる。他のソフトウェアでも同様の機能を使う，もしくは先に画像処理ソフトで処理することもできる。

7．著作権，プライバシーについて

　自分で撮影した写真については，著作権は撮影した本人にあるが，その他の場合には，必ず著作権者の許諾を得る必要がある。また，他人のプライバシーを侵害していないか，肖像権についても確認させる必要がある。

8．プレゼンテーションについて

　プレゼンテーションについては，聞き手を意識した話し方が大切であることはいうまでもない。評価シートに話し方についての評価の観点を示した。また，動作についても評価の観点を示した。米国の心理学者アルバート・メラビアンの実験では，コミュニケーションにおける，話し手の印象を決めるのは，ボディランゲージが55パーセント，話し方が38パーセント，話の内容が7パーセントという結果が示された。身振りが非常に強い印象を与えていることがわかる。視線については，「ワンセンテンス・ワンパーソンの法則」がある。ある1つのフレーズを話している間は，1人の人と目を合わせておく。そして次のフレーズでは，別の人とアイ・コンタクトを取る。というものである。その他，制限時間内に収まるよう，また慣れる意味でもリハーサルは必ず行わせる必要がある。

9．評価シートの例について

　評価シートを用いて，相互評価を行わせる。これをもとに，各グループで改善点について話し合わせる。可能であれば，プレゼンテーションの様子をビデオカメラで撮影させる。発表者自身も自分のプレゼンテーションの様子を確認でき，評価シートとあわせて改善のためのより有益な材料となる。相互評価を行わせるための，

評価シートの例について以下に示す。

```
                    ＜評価シート＞

評価者　（　　）年（　　）組（　　）番　氏名（　　　　　　　　　　）

発表グループ（　　　）班

タイトル　　（　　　　　　　　　　　　　　　　　　　　　　）
```

項　目	評価の観点	評価（A，B，Cに○をつける）＊		
１．話し方	・声の大きさ	A	B	C
	・話す速度	A	B	C
	・間のとり方	A	B	C
２．動作	・身振り	A	B	C
	・視線	A	B	C
	・ポインティングの仕方	A	B	C
３．発表用画面	・文字数，文字の大きさ	A	B	C
	・配置，配色	A	B	C
	・表現の正確さ	A	B	C
４．内容	・理解できた	A	B	C
	・興味を持てた	A	B	C
	・説得力がある	A	B	C

＊　A：良かった　　B：普通　　C：改善を要する

全体として

図１　評価シート

参考文献

・文部省「平成11年度　新教科「情報」指導者研究協議会　資料」
・大岩元ほか「情報科教育法」，オーム社，2001.
・メディア教育開発センター　高等学校「情報」教員養成教材　課題演習，ビジュアルプレゼンテーション入門CD-ROM　2000.

3　魅力ある旅行プランの企画と提案

実習番号	PW－3
具体的で正確な表現	情報の伝達の手段，プレゼンテーションの実習
必要な設備・環境	・パソコン（インターネット接続　LAN接続） ・周辺機器（マルチカードリーダ，スキャナ　CD-R/RWドライブ） ・液晶プロジェクタ（1000ANSIルーメン以上は必要　授業では2000ANSIルーメンのものを使用） ・スクリーン（グループプレゼンテーションのため40インチスクリーンを使用）
使用するソフトウエア	・プレゼンテーション作成ソフト 　（Microsoft PowerPoint 2000） ・フォトレタッチソフト 　（Microsoft Photo Editor，Adobe Photoshop LE）
単元	情報A（2）イ
目標	情報活用能力の実践と育成
配分時間	5時間
実習をするために必要な予備知識やスキル	OSとワープロソフトの基本操作，およびスキャナ，ディジタルカメラから画像の取り込みができること。情報伝達の技術についての予備知識等は特に必要としない。
その他（環境・教材）	環境：1クラス25名（高等学校3年女子） 　　　コンピュータ教室は40台のパソコンが常設 　　　インターネット，LAN接続 教材：自作プリント

1．はじめに

　本校では，平成15年度から実施される新教科「情報」に先駆けて，平成13年度より，高校3年生の選択授業として情報の授業に取り組んでいます。情報機器，とりわけ携帯端末などのコンピュータに対する生徒の関心が高まる中で，希望者が学年全体の約3割（125名）を占めるほどになっており，比較的人気の高い科目といえます。1クラス当りの人数は25名（5クラス），週2単位の授業です。2時限連続の授業ですが，1時間は理論（座学），残りの1時間は実習（作品制作）と決めて実

施しており，教材は，教員が独自にオリジナルプリント作成し，授業を進めています。

今回の事例は，生徒たちがこれからの情報化社会の一員として参画するために必要な情報収集・分析を通じて，効果的に情報を伝達する情報活用能力の育成を目的に展開します。

2．インパクトのあるドキュメント

<第1限　導入>
　情報伝達法の手段にプレゼンテーションがあり，それがどのようなものなのか，あるいは具体的にどう役立つのかといったことを，理解させることが大切です。私は，生徒たちが関心を持って取り組むことができるようにと思い，約5分間で自らのテーマ設定によるプレゼンテーション（液晶プロジェクタでスクリーンに投影して見せる）を行うことにしました（実施2年目以降であれば前年度生徒の優秀作品などを見せてもよいと思います）。ここで，何らかのインパクト（感動）を与えることができれば，"やってみたい"という気持ちを芽生えさせ，自らの行動を起こす原動力にもなります。実際の生徒たちの反応は思ったよりも良く，ほぼイメージ通りの展開に入っていけたような気がします。実習授業の導入部分として，初めにプレゼンテーションを行って興味付けを行うというのは，効果的な方法であると実感しました。

　次に，ツールを活用した，作品制作準備に入ります。アプリケーションソフトはプレゼンテーションソフトとして有名な，Microsoft PowerPoint 2000を使用します。まず，実習ファイルの見本を用意し，内容を見せた後，練習としてこのファイルの流れに従ったものを作ります。

3．基本的なプレゼンテーションファイルの作成

<第2限　展開>
　実際の操作に関するポイントを以下の①～⑥として，スライド完成に向けて，この内容についてのプリントに沿って実習を進めます。

> ① 表示モードの解説(標準表示モード,スライド表示モード,アウトライン表示モード,スライド一覧表示モード,スライドショーモード)
> ② スライドレイアウト,デザインテンプレートの選択,および新しいスライドの追加
> ③ スライドへのテキストの入力
> ④ ワードアート,画像ファイル,グラフ,クリップアートの挿入
> ⑤ 画面切り替え効果,アニメーションの設定
> ⑥ スライドショーの実施

　スライド1枚を作成するごとに,質疑応答の時間をとります。細かい部分の操作,配色の組み合わせ等の方法については,教師への質問や,プリントを参考に各自で補充しておくように指示します。今回は統一したテーマでの作品制作としました。以下の内容を提示し,次週までの課題としました。

> **(課題)**
> 　あなたは,㈱SUGIYAMA TRAVELという旅行会社の新入社員です。今年度,あなたは営業課への配属が決まりました。今年の営業課新人研修は,「魅力ある旅行プランの企画と提案」という内容で,約5分間のプレゼンテーションを実施します。来週からドキュメントの制作に取り掛かりますので,各自取材を行い,デザインに関する構想,その他プレゼンテーションに必要な材料を集めてくるようにしてください。対象の設定は各自に任せます。

> **(補足)**
> 　PowerPointの利用,技術的なことなど,不明な点があれば,各担当の先生まで質問するようにしてください。2時間で作品が完成しない場合は,放課後,コンピュータ室が利用できますので,必要のある人は各自利用するようにしてください。

4. テーマ設定と作品制作

＜第3・4限　展開＞

　この時間から2時間で作品を作り上げます。制限事項を設けて(以下の①～③),作業を行います。必要があればその都度,個別に質問をしながら進めるという形態を取ります。

> ① 共通テーマは『魅力ある旅行プランの企画と提案』です。(スライドタイトルの見出しと,対象の設定は各自自由とします。)
> ② スライドは4枚以上作ること。容量はFD1枚分以内(1.44MB)とします。
> ③ スライドの切り替え効果,アニメーションの設定を適宜入れること。また,写真やイラスト,音声などを駆使したプレゼンテーションを行うこと。

5. プレゼンテーションの実施

＜第5限　まとめ＞

　最後にまとめとして,1人当たり3～5分の時間で発表を行います。1クラスにつき発表者8名をあらかじめこちらで選出しておきます。そして,実施する前に,アピールポイントを書かせたものを提出させます。実際の発表で,それが説得力のある発表につながっているかということを見るためです。できれば全員発表させたいのですが,実質1時間では不十分です。発表までを評価に入れるというのであれば全員発表でしょうが,1クラス40人の発表は,3時間分も要することになってしまいます。そういった場合は,グループ(5人×8グループ)に分け,各自がグループ内で発表し,その中から優秀作品を選び,それを全体の場で発表するといったやりかたがよいと思います。

　作品の評価については①～④の4項目についてそれぞれを,A(大変良い),B(なかなか良い),C(もう少し工夫しよう)の3段階で実施

> ① レイアウトについて→文字,見やすさの工夫
> ② マルチメディア効果→使用は適切か
> ③ 内容について→分かりやすいか
> ④ 全体的な印象→デザイン,配色の工夫

しました。情報の発信者としての意識や,受け手に対する伝達技法の学習といったところは個人的なアドバイスの段階で留まってしまい,全員にきちんと理解してもらうというところまでにはなっていなかったように思います。指導内容が,アプリケーションのスキルの習熟に偏った部分があったかもしれません。

　今後の課題としては,情報をただ"伝える"のではなく,どうしたら"伝わる"のかということを,教えていく必要があることを今回の実習を通して強く感じました。

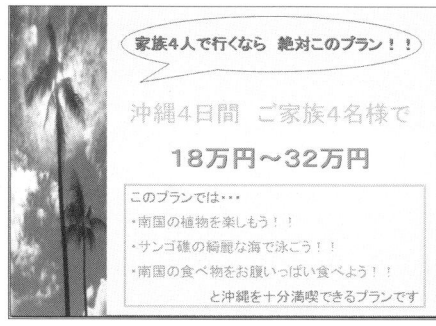

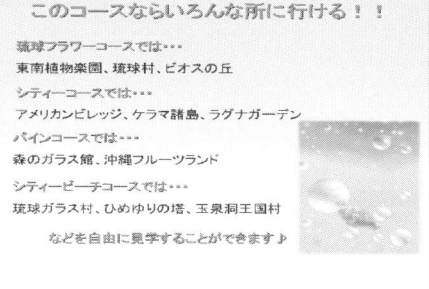

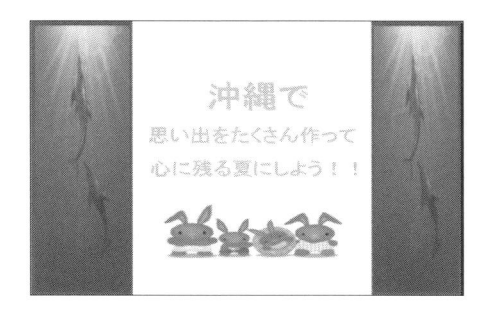

図1 生徒の作品

参考文献

・日経BPソフトプレス「Microsoft PowerPoint 2000 オフィシャルマニュアル」1999

4　自己紹介のWebページを作ろう！

実習番号	PW－4
具体的で正確な表現	情報の統合的な処理
必要な設備・環境	・パソコン（インターネット接続，LAN接続） ・周辺機器（2人で1台のスキャナ使用）
使用するソフトウエア	・テキストエディタ（メモ帳） ・フォトレタッチソフト（Microsoft Photo Editor，Adobe Photoshop LE）
単元	情報A（3）イ
目標	Webページの制作を通じて，多様な情報を加工，編集，統合できることを学習する。
配分時間	5時間
実習をするために必要な予備知識やスキル	OSとテキストエディタの基本操作，およびスキャナ，ディジタルカメラからの画像の取り込み等ができること。HTMLタグの知識は必要としない。
その他（環境・教材）	環境：1クラス25名（高等学校3年女子） 　　　パソコン教室は40台のマシンが常設 　　　インターネット，LAN接続 教材：自作プリント

1．はじめに

　1990年代初頭から，インターネット（The Internet）は1つの固有名詞として世界中に認知されています。WWWは巨大なデータベースのようであり，情報収集のためのWebページ閲覧は日常的に行われています。教育現場での調べ学習などにも広く活用されています。当然のことながら，生徒の利用頻度，認識度共に大変高くなっているといえます。本校でも，5年程前から，中学高等学校のWebページ公開（http://www.js.sugiyama-u.ac.jp/）については，そのコンテンツを教員と生徒が中心となって作成，運営，適宜更新を行っています（生徒会とクラブページの作成を生徒が担当）。また，クラスの生徒の中には，趣味で個人のページを開設している場合があります。したがって，授業開始時での習熟度は様々であるこ

とが予想されます。実習効率を考えるならば，事前にアンケートをとって習熟度はどの程度なのかを把握して，比較的習熟度の高い生徒と未経験者をミックスしたグループを作り，生徒同士で分からないところを教え合うことができるような状況を作る場合を考える必要があります。

2．基本的なHTMLソースの作成

＜第1・2限＞

まず普通の"テキスト"と"ハイパーテキスト"の違い，およびWebページの仕組みについての説明をします。そして，先に紹介させていただいたプレゼンテーションの実習事例と同じく，導入部分として昨年の生徒の優秀作品を2，3点見せることにしました。生徒の反応は様々ですが，モチベーションを高めるきっかけとしては良いように感じます。

実習で使用するアプリケーションソフトは，OS（Windows）の付属エディタであるメモ帳を使用します。そして，タグによるHTMLソースを記述していきます。タグの仕組みを理解させることと，自宅での課題制作にも支障がないようにということで，Webページ作成ソフトは使用しません。基本実習事項として，次の【Step1・2】と補足事項にしたがって進めます。

【Step1】

test.htmlのソースをメモ帳に記述させ，ブラウザ上で確認します。タグはコマンドを＜　　＞～＜/　　＞で囲みます。タグにはスタートとエンドがあり，その間がコマンドの有効な範囲となることを理解させます。

（test.htmlのソースファイル）

```
<HTML>
<HEAD>
<TITLE>選択情報ホームページ作成</TITLE>
</HEAD>
<BODY>
<H1>選択情報ホームページ</H1>
</BODY>
</HTML>
```

【Step2】
　①～④に関するタグをtest.htmlのソースファイルを編集しながら解説します。

> ① フォントスタイル（見出しを含む）とサイズの指定
> ② 背景（色）の設定
> ③ イメージ（画像，写真）の指定とサイズ変更
> ④ 改行，段落，ラインの設定

【補足事項】
　ソースファイル編集段階でのコマンドのスペルチェック，半角・全角の違いを常に意識することを強調して伝えます。また，この段階での反応として，「**タグって，結構面倒だ！**」という様子を強く表す生徒もいますが，この後の作品制作に影響が出ないように，遅れている生徒の把握と細かい指導が必要になってきます。

3. 自己紹介のWebページ作成

＜第3～5時限＞

　実質的な時間が不足していたため，基本コンセプトやWebページ構成についてのサイトマップなどを決める制作のプランニング等については，教師側で提示することにしました。

> ① テーマ：自己紹介のWebページを作ろう！
> ② Webページの構成
> 　・frame.html →フレームの設定 <frameset>～</frameset>
> 　・mokuji.html →目次のページ（page1～4の4つの項目の見出しを載せる）
> 　・page1.html →自己紹介のページ（テーブルを必ず入れる）
> 　・page2.html →友達紹介のページ
> 　・page3.html →趣味のページ
> 　・page4.html →トピックス等のページ
> ③ 容量　FD1枚分（1.44MB）以内に納める

　②については，ページ構成を簡単に説明したあと，この6つのファイルをネットワーク上で配布し，これに生徒自身が手を加えながら作品制作を行います。作品完成まで3時間ですが，この時間以外にも放課後や自宅での自習もできるようにしま

した。その他，著作権に関する内容と，素材集はフリーのもの以外は使用しない旨，指導を行いました。

③については，持ち出しが自由にできることを考え，容量の上限をFD1枚にしました。必要以上に大きなデータにすることのないよう，画像や写真のサイズ調整の指導を同時に行いました。

4．まとめ

Webページは，表示させるだけではなく，見る人を引きつける表現や，情報を効果的に伝えるためのデザインを考えなければなりません。そして，興味を持った生徒がどんどんレベルアップしていけるような環境作りや方向付けが必要です。ページデザインに関して言えば，スタイルシートやJavaScriptプログラミング，DHTMLなどの知識が必要になります。しかし，これらをカリキュラムにきちんと組み込む余裕がありません。ですから，生徒自身の学習をサポートする意味でも，分かりやすいテキストの紹介や，最新の情報，および技術的な質問に適宜答えるといったことが必要になります。

実習全体を通して，生徒それぞれが理解できる範囲内でアイディアを出し，積極的に制作に取り組んでいたようです。目的にも書きましたが，Webページの制作を通じた，多様な情報の加工，編集，統合については概ねできたように思います。以下，受講生徒の感想と作品です。

（生徒の体験手記）

　コンピュータが普及してきている今日，パソコンを使うことはもはや当たり前のようになってきています。私は以前からパソコンに興味があり，趣味として使っていましたが，より深い知識を得たいと思いこの科目を選択しました。授業については，理論と実習の両方から学びます。理論は，ハードウェア各部の名称など基本的なことから始め，パソコンの機能や仕組みなど細かいことまでしっかり学びます。実習は，タッチタイピングから丁寧に教えてもらえるので全く文字を打てない人でも安心です。1学期はプレゼンテーションの実習，2学期にはホームページを作ったり，パソコンを組み立てたりします。どれもとても面白くてやりがいのあることばかりで，私は情報が一番好きな科目になりました。パソコンを使うという全く新しい授業内容なのでとても新鮮味があり，楽しんでいます。

図1　生徒の作品

5　Webページってなに？

実習番号	PW－5
具体的で正確な表現	Webページの作成
必要な設備・環境	パソコン（場合によってディジタルカメラ・イメージスキャナ等・プリンタ）
使用するソフトウエア	Webページ作成ソフト （IBM　ホームページ・ビルダー6）
単元	情報A（2）ア，イ，ウ
目標	Webページの作成や発信を通じて，情報発信の意義を理解する。
配分時間	ア～ウあわせて5～10時間
実習をするために必要な予備知識やスキル	特になし（操作法のテキストがあれば，誰でも作れます）

1．Webページによる情報発信

　情報発信となると，電子メールやインターネットを活用したWebページによる発信が挙げられるだろう。ここでは，おもにWebページを活用した情報発信について，実習してみようと思う。

2．Webページを作るには…

　「インターネットを使って…」といえば，多くの人はWebページを連想するだろう。インターネットの急速な普及により，低価格で楽しめる環境となった。現在では，何かを調べるには「インターネット」を使うという人が多く，官公庁を始め民間企業においても，PDFファイル化して，自由にデータを閲覧・配布するペーパーレス化が進んでいる。その中で大きな役割をしているのが，インターネットやWebページであると考えている。Webページを作成するには，次の2通りの方法がある。

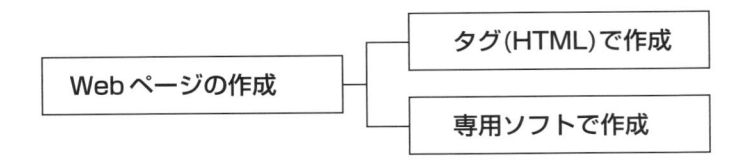

```
Webページの作成 ─┬─ タグ(HTML)で作成
                 └─ 専用ソフトで作成
```

　1つは，HTML言語やJAVA言語などを活用し，タグを用いて旧来のプログラミング的に作成していく方法，2つ目は，市販されている「Webページ作成ソフト」を活用して，誰でも簡単に作成できる方法がある。Webページを短時間で簡単に作成するのであれば，後者の方がよいだろう。専門的な知識もいらず，わずか10分で作成可能である。さらに図・絵などの多くの部品があるため，カラフルなデザインが簡単に作成できる。少し複雑ではあるが，細かいデザインや柔軟性を求めるのであれば，前者の方がよいだろう。当然専門的な知識が要求されるが，HTML言語のタグなどでは，簡単なものであればわずか10程度の命令文を覚えているだけで，Webページを作成できる。

　市販のソフトは簡単には作成できるが，プログラム数を見てみると，複雑化したリストを見ることになる。わずか10行程度のプログラムも市販の作成ソフトを利用すると，3～4倍量のリストになる。ではどちらがよいかということになると，両者とも一長一短があるため，それぞれの用途に合わせた使い方を選んだ方がよいだろう。

3．Webページを作ろう

　では，実際に生徒に教える場合，どのような手順で行えばよいのであろうか。生徒に教える時は，つぎのステップがある。

---
① ネットワークとは（インターネットの仕組み）
② Webページの持つ意味は
③ ネットサーフィン
④ 簡単なWebページを作成（タグ）
⑤ 市販ソフトの活用
⑥ 情報の発信と情報モラル
---

① **ネットワークとは**

　急速に普及するインターネットなどを正確に理解するとともに生活やビジネスにおける便利さと情報を収集・発信する意味を理解させる。

② **ホームページの持つ意味は**

　インターネット＝Webページと考える人が多い中で，情報を発信するとどのような事が起きるのか，良い点もあれば，そうでない場合もある。それらとともに，Webページを見る人は全世界の人々であるということについて理解させる。例えば電話であれば1対1の関係であったが，Webページでは1対∞（無限大）であること。そこには隠れた「影の部分」が存在することを理解させ，利用者責任も関係している，いわば「モラルとセキュリティ」についてもふれておく必要がある。これを教えることによって，利用者責任の知識や感覚が身に付くものと考えている。

③ **ネットサーフィン**

　Webページを作る前に，いろいろなWebページを見ておくことである。そこで，Yahooやgooなどの検索エンジンを使いながら，様々なWebページを見ておき，内容や構成など「いかに情報を伝達するか」という観点で見ておく指導をした方がよい。また，「有害情報」についても必ず指導し，Webページ上での「好ましくない」利用がなされていることを考えて，現在では利用者の判断が問われることも指導する必要がある。なお，どのようなサイト（Webページ）を見たか，記述させた方がよい。

④ **簡単なWebページの作成**

　HTML言語を使って，簡単なWebページを作成してみる。命令文はわずか10個程度でWebページが作成できる。例えばWindowsマシンであれば，「メモ帳」が必ず搭載されているので，それを活用して作成し，ブラウザソフトで見てみることができる。これを行うことによって，初歩ではあるが「プログラミング」の知識や「アルゴリズム」について，理解されるのではないかと思う（今まで全然やったことがない人でも作成できます）。

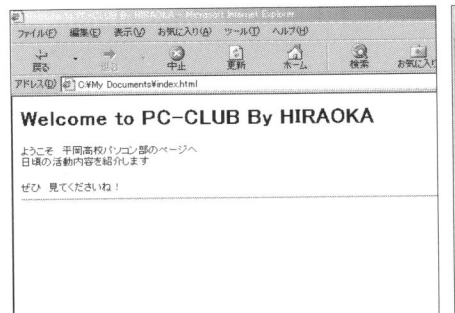

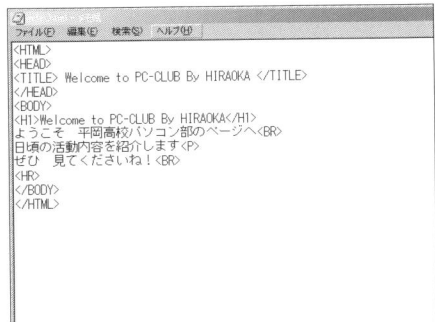

↑簡単なWebページ　　たった10行程度のプログラムでこのようなページを作ることができます。

⑤ 市販ソフトの活用

　実際に市販されている「Webページ作成ソフト」を活用して，作成してみる。「ワープロソフトを操作する」感覚で，文字・絵などが簡単に貼り付けができ，短時間でカラフルなWebページのデザインやレイアウトが作成できる。ただし，プロのようなものを作るのであれば，高価なソフトを使用するか，プログラムを作成することになる。安価なソフトは簡単には作れるが，柔軟性は，それほど持っていない。さらに，プログラムのステップ数が多く，デバッグ処理に時間がかかるといった難点もあることを理解する必要もある。

　右のWebページは，わずか10分でできました。（ソフトについているテンプレートなどを使うと短時間で簡単にできます）
<IBM　ホームページ・ビルダーで作成>

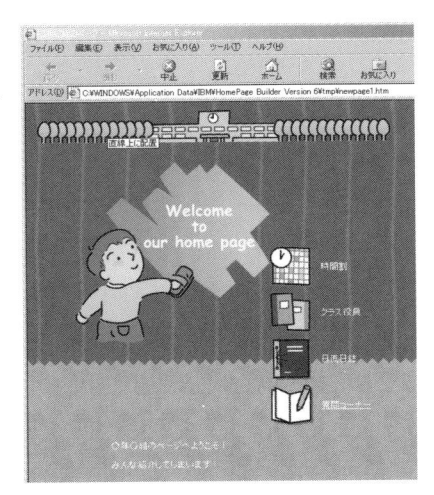

50　　1　プレゼンテーションとWebページ

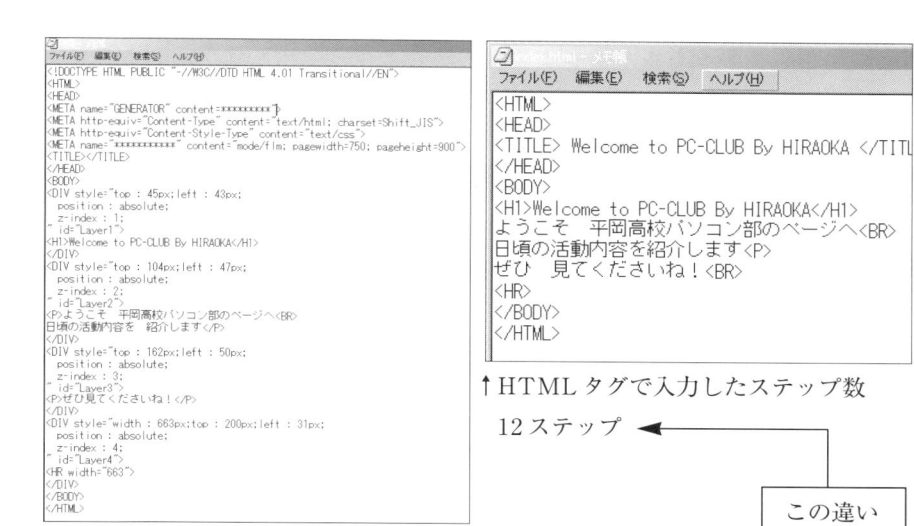

↑市販ソフトを利用した場合のステップ数　37ステップ

↑HTMLタグで入力したステップ数
12ステップ

この違い

⑥ 情報の発信と情報モラル

　上記で作成したWebページを公開し，情報を発信するが，注意しなければならないのが，情報を発信するときに，いくつかのルールを守ることである。例えば「著作権」である。ご承知のとおり映像や文書，写真には「肖像権」という権利がかけられている。その著作権について「侵害」していないか。また「個人情報」についても，無断で名前などを掲載していないか，などをチェックをしなければならない。個人の趣味で作成する場合も同じである。したがって，生徒に指導するときに，Webページにも「ルールあり！」ということをきちんと指導してから，公開することが大切である。

⑦ 情報の公開と個人情報

　上記の情報モラルの指導を行い，それぞれの生徒が作成したWebページについて「著作権」についてチェックが終わったなら，Webページを公開し，他の生徒に見てもらう。なお，公開の方法として，校内LANやコンピュータ教室にLANがあるのであれば，イントラネットを活用して，「校内限定」で公開を行った方がよい。そこで，生徒の反応を見てから，インターネット上に公開する手順をとるが，必ず，公開の承諾を保護者や生徒から取る必要がある。特に「個人情報」について

は，慎重に扱い，学校が発信できる「範囲内」でするべきである。このことについて，生徒であっても「プライバシー」が存在するので，必ず教師がチェックし，もし，この点に接触している場合は「改善」する指導を行うことが大切である。「Webページの公開」が原因で「犯罪」に巻き込まれないようにすることも必要である。

⑧ テーマに基づく Web ページ製作

ここまでの過程が終了したら，テーマを設定し，それに合ったWebページを製作させてみる。作成する段階で計画性を持って行った方がよい。さらに「デザイン」など見やすさをを求めていった方がよいだろう。

テーマを設定した場合の作成手順は下記のようになると思う。

● Web ページを作成の手順

```
Ⅰ．PLAN
・どのような目的や内容であるか
・ページの構成はどのようにするか　→　プランニングシートの活用
・ページのイメージやデザインは
```
↓
```
Ⅱ．DO
・いざ作業！　画像・絵・テキストの作成
```
↓
```
Ⅲ．SEE
・動作の確認　→　見えますか？
・評価　→　自己評価と第三者からの評価
・修正　→　改善点があれば修正する
```

この流れは，プレゼンテーションを作成する場合と似ているが，Webページは，インターネット上に公開する意義で作成される。したがって，見る人を特定しない「全世界の人々」がアクセスするということを考えれば，このようなステップで作成する指導を行った方がよいと思う。なお，具体的な内容や作成方法は割愛するが，周りをよく見ると「テーマ」になるような題材は数多くある。生徒に身近な題材を探させる方がよい。

（参考）プレゼンテーションソフトを活用した Web 教材

　プレゼンテーションソフトには「Web に保存する」機能が含まれている。つまり，作品を「HTML」化して Web 上で掲載することが可能である。これを活用すれば，ブラウザソフトがあれば，充分プレゼンテーションが可能であり，また教材の作成もできる（ただしアニメーション効果は使えない）。下記は本校で作成した「ビジネス文書」に関してのスライド教材である。この教材は「PowerPoint」で作成したものを Web 化して，「CAI 教材」として活用している。最初は，プレゼンテーションとして説明し，生徒はそれを見ながらプリントにメモしていく。ここで説明を聞き漏らした場合などは，コンピュータ教室等のコンピュータから Web 教材を見て，プリントを完成させたり，復習に役立てることができるのである。これらの機能を活用すると，短時間で見栄えの良い教材が作成できるのである。一度やってみては…！

● Web 教材の一例

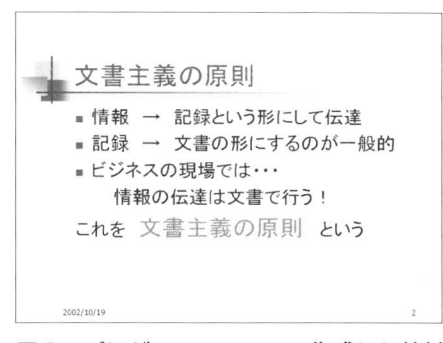

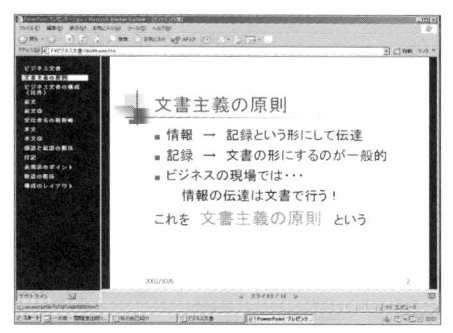

図1　プレゼンテーションで作成した教材　　　図2　Web 化した教材

参考文献

・文部省「高等学校学習指導要領解説情報編」，開隆堂出版，2000.
・江川徹　他「アプリケーションソフト，パワーポイント2000」，一橋出版，2001.
・有坂正芳　他「30時間でマスター，インターネットHTML編」，実教出版，2000.
・大坪圭輔　他「情報-ディジタルコミュニケーション」，CG－ARTS協会，2000.

6　スライドショーで物語を作ってみよう

実習番号	PW－6
具体的で正確な表現	スライドにオリジナルクリップを加えて物語を展開する
必要な設備・環境	パソコン（ネット使用）
使用するソフトウエア	Microsoft PowerPoint，IBM ウェブアートデザイナー
単元	情報Ａ（1）ア
目標	プレゼンテーションの基礎を身につける
配分時間	4～5時間
実習をするために必要な予備知識やスキル	特になし
学習形態	特になし

【第1時目】
① 本課題の概略を説明。
② スライドショーの例示。
③ 課題とする物語の朗読。
④ パワーポイントの操作方法の説明と操作練習（1枚目表紙を作成）。
⑤ サーバ内の指定フォルダにデータ保存。

【第2時目】
① Microsoft PowerPoint 操作方法の確認。
② 1枚目を表紙とし以後10枚のスライドに課題物語のあらすじをテキストのみで展開。
③ サーバ内指定フォルダに上書保存。

【第3時目】
① 前時内容を確認後スライド（テキストのみ）作成。
② オリジナルクリップの作成について概要説明。
③ ウェブアートデザイナーの操作方法説明と操作練習。
④ 1枚目表紙差込クリップを作成し，GIF形式にコンバート。
⑤ スライドへのクリップ挿入方法の説明と挿入。
⑥ サーバ内指定フォルダに上書保存。

【第4時目】
① クリップ作成とスライドへの差込作業の継続。
② 完成作品を指定フォルダ内に上書保存。
　　　　　　※次回授業の前半部にて作品紹介。

1．はじめに

　プレゼンテーションを主とした課題では，事前の周到な資料づくりや内容を効果的に説得するためにどうするかを求めていくことが中心となります。要となる"人前での発表"を前提にした課題に対して生徒の多くは抵抗を感じるようです。このことは意外にもプレゼンテーションソフトを利用しての資料作品にも影響してきます。具体的には，必要以上にテキストが多く（話す手間を省くためと思われます）全体として配色も極めて地味なもの（目立たないことをのぞんでいると思われます）が多いのです。

　こうした点を考慮し，前段としてあえて人前での発表を行わず，文字や画像によって個々の感性や主張を表現させ思い切りのよい作品をしあげることを主としています。この点についてはいくつかのテーマを提示し，考察を加えながらホームページを作成していくという課題の方が断然生徒にも受け入れられるのですが，これはある程度パソコン操作にも慣れ，意欲と自信が高まってくる時期に行った方が良いように感じます。

　Microsoft PowerPointなどのプレゼンテーションソフトのスライドショー機能を利用する課題では1スライドで扱うテキストや差し込むクリップのスペースも小さくて済みますから課題処理もスムーズに運ぶことができます。次年度1単位の中で「グループ編成→共通テーマ提示→考察→プレゼンテーション→質問書交換→再プレゼンテーション」（年度2単位実施の場合は本課題後に連続して実施しています）を実施することを意識して行っているため，本課題においては完成作品の紹介という形に留めています。

2．パワーポイント（スライドショー）指導について

　効果的な資料作りを目指すために装備されているアニメーション機能の利用も効果的です。しかし，この機能についての説明は本課題においては行わず，また使用しないよう注意徹底しています。アニメーション機能にばかりとらわれ，本課題趣旨の障害となってしまうからです。これを含め様々な機能については別課題を設けて実習しています。

Microsoft PowerPointの操作方法についてはモニターで例示するだけでほとんどの生徒がしっかり理解してくれますので，その他の基本的な操作方法についての説明プリントを配布することでおよそ15分程度で簡単なスライドをつくり実行できるようになります。

3．ウェブアートデザイナーについて

　このソフトは他単元にて使用するホームページ作成ソフト（IBMホームページビルダーV6.5）に添付されているもので，画像イメージはもちろん多くの素材が装備され，ウィザードにより簡単にファイル形式をコンバートできますので生徒にも理解しやすいようです。
　本ソフトもMicrosoft PowerPoint同様に多機能ですからモニターでの例示と基本操作についてのプリントを配布することにより15分程度である程度のロゴやバナーといった素材を作成できるようになります。

4．本課題について

　"自己紹介"というテーマで行った時，自分の事とはいえ発表が控えているといった抵抗感からほとんどの作品が経歴に近い形に終始し発表もそのスライドをなぞるだけという実に内容の乏しい状況となりました。そこで本課題では自由な発想と創造を期待して短い"物語"をつくるということを求めたのです。
　物語といっても完全にオリジナルを求めることはやはり難しいですので，本課題は"よっちゃんのクレヨン"という絵本を題材としています。別題材で作成したスライドをモニターで例示し，本課題についてイメージさせます。そして計11枚（表紙＋10枚）のスライドの作成を求めます。
　"よっちゃんのクレヨン"の途中までのあらすじを紹介します。「よっちゃんの持っているクレヨンは描いた果物が実物となって飛び出してくるという不思議なクレヨンです。森の動物たちがそれを求めて集まってきます。優しいよっちゃんはそれに応え続けます。結局は黒いクレヨンを一本残すだけとなってしまった（黒色で描ける果物がなかったからでしょう）…」という具合です。生徒は話の内容も課題イメージも容易に理解してくれます。

さらに，生徒に対して「よっちゃんはこの後どうしただろうか・・・」と，この話の続きを創作し完結させるよう求めます。提出された作品のクリップや完結の仕方は実に様々でつい評価を忘れて楽しんでしまうほどです。実際の結末やクリップのイメージについては本課題の終了後に実際に絵本を見せながら紹介します。百聞は一見にしかずで，ほとんどの生徒が自作と比較し，大きく反応を示してくれます。作品完成の満足感だけでなく，絵本を通じて素晴らしい感動をも得られる，まさに一挙両得といえる課題かと思います。

5．評価

学期末に課題ごとの評価（各課題100点満点）を平均化し，期末評価の基本としています。本課題では，展開40点，クリップ30点，結末20点，取り組み姿勢10点の配分で評価しています。

6．スライドの例

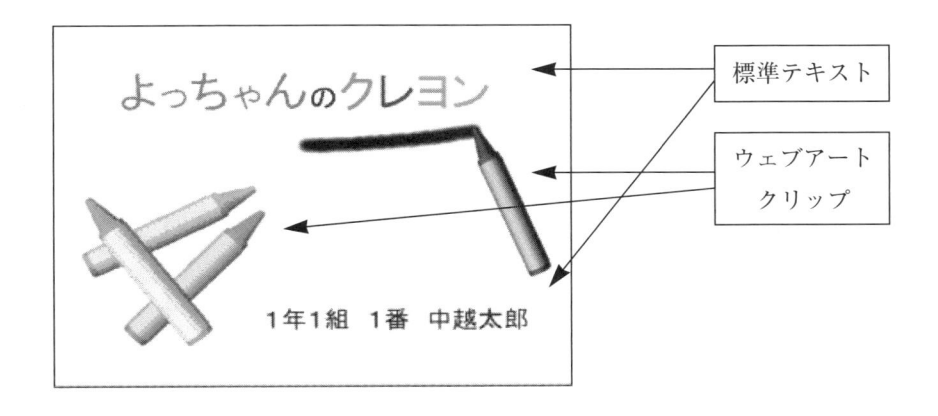

6　スライドショーで物語を作ってみよう　57

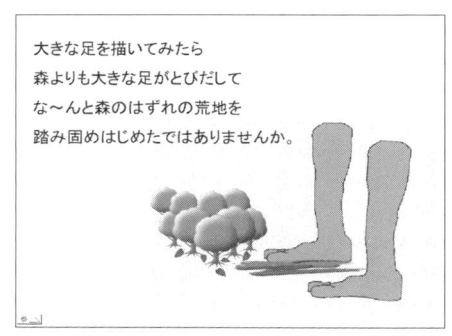

大きな足を描いてみたら
森よりも大きな足がとびだして
な〜んと森のはずれの荒地を
踏み固めはじめたではありませんか。

突然、空から大きな手が伸びてきてチョコパンダをひとつかみ
それをみていた森の動物たちはおおさわぎ！

困りはててしまったよっちゃんは
紙を真っ黒くぬりつぶしてみました・・・
すると森が闇につつまれて・・・

参考文献

・こばやしちえ「よっちゃんのクレヨン」，リトン出版，1995.

7　ポータルサイトを作成しよう

実習番号	PW－7
具体的で正確な表現	情報を「管理・提供する側」と「利用する側」の両方の立場に立った実習
必要な設備・環境	パソコン
使用するソフトウエア	Microsoft Word（Web形式保存機能が必要）
指導目標・留意点	情報A（1），B
目標	データを管理・提供する側の工夫，苦労の重要性を授業で扱いたい。扱う題材として，容易な実習例として検索エンジンのTopページの作成や，みんなで利用する電子アルバムの作成等が考えられる。その中でも比較的普及しているWordの「Webページとして保存」機能やハイパーリンク機能を用いて，みんなで使いやすく，修正しやすいTopページを作成することにより，データを管理・提供・保守する側の工夫を学ぶ。
導入・展開に向けて	① テーマの決定，② 提供する情報つまりリンクするWebページの選択，③ 提供する情報のグループ分けおよび状態遷移図のイメージ作りの3点が実習のポイント。 テーマが貧弱であると項目や作成するWebページ数等に影響し，実際に作成するWebページもデータ整理の実習には足りないものになる。ただ並べただけのリンク集を作るならデータ管理の工夫・苦労を体験することができない。教科書等で出てきた図書館の分類・司書の役割等，身近なデータベースの利用を復習し，データがどのような方法で整理されていたかを確認する。また，Topページだけでなく2ページ目や3ページ目も作成させ「どのように整理したら管理・利用・保守しやすいデータになるか」を考えさせたい。
評価の観点 まとめ	・データは整理されることにより利用しやすくなる。 ・どのようにしたら管理・利用・保守しやすいデータベースになるかを理解できたか。
事前の用意	プリント　状態遷移図記入用紙等

授業展開・実践のポイント　括弧内の数字は実習時間の目安である。

① 導入（0.5）

　データベースを利用する側だけでなく提供する側の苦労を伝え，その苦労がより少ないデータベースの構築には何が必要か具体例（司書の職務・電子辞書・ポータルサイト・イミダス等）を元に説明。データが各データベースでどのような点に注意しながら整理されているか，またデータは整理されていて初めて便利に管理・利用ができることを説明。

② 全体構成の検討・簡単な状態遷移図の作成（1.0～1.5）

　Topページおよび2ページ目等のテーマ・項目を考える。時間配分に留意。サンプルデータの用意，ヒントの用意。どんな整理の方法があり，どこに視点を置いてデータを整理するか分析。例えば，修学旅行に行くための事前学習用のリンク集を作る場合，クラスごとの整理がいいのか，テーマ別（平和，自然，体験等）か，行

ポータルサイトを作成しよう(仮題)

作成するホームページのテーマ

　修学旅行の事前学習用

作成するホームページに載せる項目を挙げてみよう

- クラス別の行動予定
- テーマ（自然，平和など）
- 行き先
- 日程
- それぞれの項目別に整理することができる

状態遷移図を(サイトの完成予想)を書いてみよう

例：TOPページ → クラス別行動予定 → 各クラス別行動予定
　　　　　　　→ 行き先別（京都，沖縄など）

年　組　番　氏名：

き先か，日程か。また，その項目ごとの次ページにはどのようなページを想定するか等を検討させる。これを，（Topページのテーマ，のせる項目，状態遷移図）プリントに整理。項目や状態遷移図がしっかりできているかを確認。状態遷移図の作成については，リンク集や新聞社等を用い今回の実習のポイントを説明。今回の実習はあくまでもデータの整理，使いやすいインターフェースの作成にあり，ホームページ作成実習ではない点に留意。

③ ハイパーリンクやWeb形式での保存の説明とTopページ等の作成（1.0～2.0）

リンク先のファイルが存在しないとエラーになる。リンクの確認は全部のページの作成後か，各項目のページを作った後Web形式で保存後にリンクの設定。

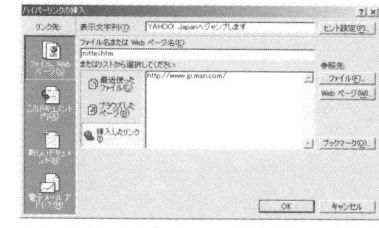

リンクの設定ダイアログボックス

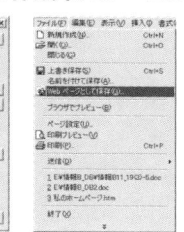

Webページとして保存のプルダウンメニュー

④ データの保守（1.0）

Webページを追加。項目やリンクするページを追加・削除。保守しやすい構成とは何かを考察。

⑤ 相互評価・考察・まとめ（1.0）

他の生徒が作成したTopページおよび次ページを相互閲覧（または教員がいくつか紹介）し，使いやすい点，使いにくい点，改良案等を考察・議論させたい。そのときにあくまでも悪い点の指摘ではなく，相手の考えを相互に認める視点が必要である。さらに，自分の作成したサイトを自己評価し，情報を管理・提供する側と利用する側の両方の立場に立った実習である点を強調したい。

参考文献

・大岩元「情報科教育法」，オーム社，2001.
・文部省「高等学校　学習指導要領解説　情報編」，開隆堂出版，2000.
・文部省「平成12年度　新教科「情報」現職教員等講習会テキスト（1）（2）」，2000.
・「高等学校　情報A，B」，開隆堂出版，2002.

8　プレゼンをしよう

実習番号	PW-8
具体的で正確な表現	プレゼンテーションをしよう
必要な設備・環境	プロジェクタ
使用するソフトウエア	Microsoft Powerpoint
単元	情報A
目標	自分の考えを聴き手の反応を見ながら効果的に伝えることができる。
配分時間	7時間
実習をするために必要な予備知識やスキル	スキャナやディジタルカメラが使え統合的に扱える。
その他（環境・教材）	スキャナ，ディジタルカメラ，インターネット接続。

1．はじめに

　平成15年度の1年生から新学習指導要領でのカリキュラムになり，1年生に教科「情報」を配置された高校はこの教科の本格実施年となる。教科書選定をすでに終えたとは言え，在校生の教科指導（数学・理科・家庭など）で精一杯で平成15年度の指導計画まで全く手が回らないのが現状ではないだろうか。私は，平成13年度から3年生の総合科学の授業を行うなかで情報発信の授業（プレゼンテーション）を試みた。この授業を展開する中で色々な問題点を考察してみたい。

表1　総合科学：理科の学校設定科目（選択）2単位

選択者数	男子	女子	合計
平成13年度	21名	3名	24名
平成14年度	15名	0名	15名

2. プレゼンテーションの計画を立てる前の問題点

　プレゼンテーションは，自分のもつ知識を正しくかつ分かりやすく伝える，自分の意見を意図した通りに伝えるといった行為である。これまでの授業の多くは，教師が前に立って授業が行われるスタイルが多く，生徒はある意味受け身的な態度で取り組んできたことが多い。しかし，このプレゼンテーションは，生徒のこれまでの受け身的な行為ではなく能動的な行為である。これまでの授業スタイルを大きく変えるものと言える。

　従って，まずこのプレゼンテーションのイメージを生徒に抱かせることが大切である。私は，「学校紹介」をテーマにパワーポイント（プレゼンテーションソフトのひとつ；Microsoft社 PowerPoint 2000）を使ってプレゼンテーションを行った。授業風景や部活動，体育祭や文化祭，修学旅行など行事やイベントの写真を織り交ぜながら，プレゼンテーションのイメージをつかませた。その後，パワーポイントの使い方や諸機能を説明した。パワーポイントの諸機能の習得は，ワープロが使えるならほとんど抵抗なく取り組むことができた。むしろ，アニメーション機能に懲りすぎてのめり込む生徒すらいた。

　ワープロは，タイピングに慣れている者とそうでない者とで取り組みに違いがあるが，パワーポイントでは友達同士で諸機能の教えあいが見られ，タイピングも見出しや単語といった程度なのでかなりスムーズに行けた。しかし，パワーポイントはプレゼンテーションを行う上でのひとつのツールであって，問題はどのようなテーマについて，どのような内容を発表し，聞き手を納得させられるかということである。発表前の課題として次の点を整理しておく必要がある。

① 発表は，個人で行うのかグループで行うのか。
② 個人発表なら時間は何分にするのか。
③ グループ発表なら何人のグループにするのか。そのグループはどのような決め方にするのか。

表2 指導案

時間		内容	留意点
1時限	5分	導入；プレゼンテーションの説明	プレゼンテーションのイメージをつかませる。
	10分	指導者によるプレゼンテーション	
	30分	展開；プレゼンテーションソフトの諸機能の説明と実習	
	5分	まとめ；企画立案の課題	次回の課題を明確にしておく
2時限	5分	導入；企画立案シート配布	企画立案シートに書き込んでいく。パソコンに打ち込んでいくのもよい。とにかく記録を残させておくこと。指導者は進捗状況を把握しておく必要がある。
	40分	展開；発表のテーマを決めたら素材集めにかかる	
	5分	まとめ；次回の準備を整理しておくこと	
3時限	5分	導入；進捗状況の確認（1）	デジカメやスキャナの準備
	40分	展開；素材集め　スライドシートの作成	
	5分	まとめ；進捗状況の確認（2）	
4時限	5分	導入；進捗状況の確認（3）	ストーリーの確認　話すことを整理させる
	40分	展開；素材集め　スライドシートの作成	
	5分	まとめ；進捗状況の確認（4）	
5時限	5分	導入；発表についての説明（1）	評価シートに評価を書き込ませる。
	40分	展開；発表	できるだけよい点を見つけ評価させる。
	5分	まとめ；評価シートの回収	
6時限	5分	導入；発表についての説明（2）	
	40分	展開；発表	
	5分	まとめ；評価シートの回収	
7時限	5分	導入；発表についての説明（3）	
	40分	展開；発表	
	5分	まとめ；評価シートの回収	

　ひとり5分の発表時間でも50分の授業時間では，10人の発表が精一杯である。40人全員が発表するだけでも少なくとも4時間分（2週間）を必要とする。指導者

は，グループ分けと限られた授業時間の中で効率よく発表できる時間配分を示す必要がある。総合科学の実習では，基本的に個人で行うことにし，時間は一人5分間とした。

3．テーマの設定

次に問題となるのは，テーマの設定である。**表3**は，滋賀県公立高校普通科の学年と情報A，B，Cの各科目の配置表である。「情報A」を1年次に配置している高校は，2単位履修，1単位履修をあわせると81％となり，ほとんどの生徒が1年次に情報を学習することになる。

表3　公立高校普通科の学年と科目の配置（滋賀県）

	情報A(2単位)	情報A(1単位)	情報B(2単位)	情報B(1単位)	情報C
1年次	25	5	2	1	0
2年次	4	5	0	1	0
3年次	0	0	0	0	0

表4　平成13年度総合科学の発表の主なテーマ

番号	主なテーマ
1	自動車の科学
2	環境に優しい車
3	テニスの戦術・戦法
4	ざるそばの科学
5	サッカーの戦術
6	甲子園　浜風の影響
7	ピラミッドの構造

「情報A」では「現代社会と情報，情報の重要性，情報検索・収集・発信，情報の統合，情報モラル，著作権，情報犯罪と法律」など高度情報通信社会を生きる私たちが身に付けておくべき最低限のことを学習する。このことは，「情報」に関して小学校から高校まで発達段階にあった学習をするが，大学などへの進学が約50％と考えると，高校での教育が系統だって学習する最後の時期であるといえる。教科「情報」は必修として2単位となっているので年間70時間となる。この中でプレゼンテーションにかけられる時間は6～10時間程度となるだろう。

総合科学の授業では，テーマを「科学」という枠組みの中で設定するように指導した。生徒は，自分の関心のあることや自分が活動している部活動をテーマに掲げ，素材集めに取り組んだ。自分の興味・関心が高いということと聞き手を説得させられる内容なので熱心に取り組んだ。科学雑誌を何度も読み返し考え方を確認したり，スポーツ関係の本や写真を取り入れたりして時間を忘れるぐらいに熱心に取り組んだ。

プレゼンテーションは企業なら商品販売・販売戦略など目的が明確であるが，学校でプレゼンテーションの学習をする上でもこの目的が明確である必要がある。従って，このテーマの設定は大変重要なポイントと考えられる。他のテーマとして，進路や生き方と絡んでくるが「就業体験」「仕事インタビュー」などのプレゼンテーションを行うと，その素材集めやインタビューなど聞き取りが他者の生き方を学ぶことで自分の生き方を考え直し，発表することによって自分の考えを整理することにつながる。また，他者の発表は発表者のみならず聞き手にとっても共有の財産となる。このことは，授業を設計する指導者にとって大変重要なことと考えられる。

4．おわりに

評価について，それぞれの教科書には「評価シート」の雛形が掲載されている。他者の評価を元に自分自身を振り返り，より良いプレゼンテーションを心がけることが大切である。

さて，この評価シートをイントラネット上で行うと評価の集計や聞き手の助言やコメントをすぐさま閲覧することができる。その方法として「Auto Asp」（掲示板・会議室・アンケートのためのASP自動作成プログラム）（※検索エンジンでAuto Aspと入力すると検索できる）を使って作成すればブラウザ上で入力し，集計結果を見ることができる。紙に印刷された評価シートを整理し集計する必要もなく，また指導者の保存用と発表者の保存用に分けることを考えた場合の煩雑な作業，手間暇から解放されると考えられる。

参考文献

・文部科学省「平成13年度　新教科「情報」現職教員等講習会テキスト（1）」，2001.
・文部省「高等学校学習指導要領解説　情報編」開隆堂出版，2000.

2 情報検索，表計算，データベース

1　これであなたも検索名人!!

実習番号	IR-1
具体的で正確な表現	インターネットを利用した情報の検索と収集
必要な設備・環境	インターネットに接続されたコンピュータ
使用するソフトウエア	ブラウザ 表計算ソフトウェア
単元	情報A（2）ア，情報C（3）イ
目標	目的に応じて主体的に情報を収集する能力を育てる
配分時間	5時間
実習をするために必要な予備知識やスキル	コンピュータの基本操作

I　実習A「検索エンジンを使いこなせ」

1．学習のねらい

(1) ディレクトリ型とロボット型の両検索エンジンのしくみと特徴を理解する。
(2) カテゴリー検索機能の使い方を習得する。
(3) キーワード検索に演算子を用い，効率的な検索方法を習得する。

2．授業展開　（配当：2時間）

学　習　内　容	指導上の留意点
1．ディレクトリ型とロボット型の検索エンジンは，検索件数と内容に違いがあることを体験的に理解する。 　① 適当なキーワードを入力して検索し，両検索エンジンを比較する。	・インターネット上のWebサイトの数やデータは日々変わっている。

実習1 「エジプト」をキーワードとして検索しよう。 "Yahoo!"(ディレクトリ型)では,112件と少ないが,いずれもエジプトの政治・文化・旅行などに関するサイトである。"Google"(ロボット型)では,およそ246,000件と多数のサイトが検索されたが,日本でのエジプト研究のサイトなどさまざまな内容の情報である。 ② ロボット型で検索すると,目的としない情報が多数含まれることを体験的に理解する。	・実習1は,授業の前に使い慣れた検索エンジンで検索件数と内容を確認しておくとよい。なお,データは2002年5月現在のものである。
2. 多くの検索サイトは,キーワード検索とカテゴリー検索の両方が使えることを体験的に理解する。 **実習2** エジプト旅行に必要な情報をカテゴリー検索機能を用いて検索しよう。 "Yahoo!"で,「地域情報」-「世界の国と地域」-「エジプト」-「旅行」とカテゴリーをたどると,エジプト観光局(http://www.egypt.or.jp/tourism/)が見つかる。 (ここまで1時間)	
3. AND,OR,NOT演算子の意味を理解し,検索式を使った効率的な検索方法を習得させる。 ① 検索結果を絞り込む場合は,ANDあるいはNOT検索を行う。 ② 検索結果が少ないときは,OR検索を行う。 **実習3** ① エジプト旅行に必要な情報を収集しよう。 　キーワードが「エジプト」一語のときは246,000件の情報が検索されたが,「エジプト」と「旅行」の2つのキーワードを指定してAND検索を行うと,41,100件まで絞り込めた。 ② 「カイロ」と「アレキサンドリア」についての情報を収集しよう。 　「カイロ」と「アレキサンドリア」をキーワードにしてOR検索を行うと,71,100件が検索されたが,カイロプラクティック(整体)に関する情報も含まれていた。	・演算子の入力の方法は,AND演算子の代わりにスペースあるいは+(プラス),NOT演算子の代わりに-(マイナス)を用いるなど検索エンジンによって異なる。

1 これであなたも検索名人!!

発展1 より的確な検索を行うために，複合検索をマスターしよう 　「カイロ」と「アレキサンドリア」の「旅行」の情報を収集したい。（カイロ OR アレキサンドリア）AND 旅行と入力すれば良い。14,600 件に絞り込むことができる。	・OR 演算子よりも AND 演算子のほうが演算の優先順位が高いので，OR 演算子の検索式にはカッコが必要である。
発展2 信頼性の高い情報を集めるにはどのようにすればよいか (1) 1つの情報源だけで判断しない。 　　複数のWebページを調べて情報の真偽を確認する。 (2) 個人が発信する情報の信頼性はまちまちである。 　　ドメイン名 ac.jp,go.jp など，学術機関や政府機関など信頼できる団体の情報を使う。 (3) メディアによる情報の取り扱い方の違い。 　　テレビ・新聞・書籍や専門家の意見などインターネット以外のメディアからの情報と比較する。 (ここまで1時間)	

3．指導展開
(1) ディレクトリ型とロボット型検索エンジンを比較する。
① 情報を収集する方法

　ディレクトリ型検索エンジンは，情報の分類は人の手によって行われており，カテゴリー別にWebページが登録されている。そのため，内容の信頼性が高い。また，Webページの制作者が，検索サイトへ登録を申請することもできる。ロボット型検索エンジンは，プログラムが自動的・定期的にWebページを検索し，キーワードごとに情報を整理して登録する。自動的に情報を集めるため，ディレクトリ型検索エンジンに比べて登録されているWebページの数が多いのが特徴である。しかし，Webページの内容が十分にチェックされているとは限らないので，情報の質にバラツキがある。したがって，本当に必要な情報を手に入れるには，検索された情報の絞り込みが必要である。

② 情報を検索する方法

　多くの検索サイトは，キーワード検索とカテゴリー検索の両方の検索方法が使えるようになっている。キーワード検索は，キーワードを入力すると，キーワードを含むWebページのリストが表示される。Webページに一回でもキーワードが使われていると，内容とは無関係に検索されるので検索件数が多くなる。カテゴリー検索では，階層構造をもつカテゴリーをたどって，大まかな分類項目から小さい分類項目へ絞り込んでいき，目的の情報をのせたWebページを探し出す。

③ どのような情報の検索に適しているか

　欲しい情報がどのカテゴリーに属するかがハッキリしているときは，カテゴリー検索が使いやすい。たとえば，公的な機関が発表する情報やWebページをつくるときの素材集などである。また，探し出したい情報が漠然としているときも，カテゴリー検索がおすすめ。"何か面白い映画を見たい"ときは，「エンタテイメント」－「映画」をクリックすると興行ランキングを見ることができる（"Yahoo!"の場合）。一方，「環境ホルモン」について調べたいときは，キーワード検索の出番である。「環境ホルモン」をキーワードにして検索すればよいのだが，ロボット型ではWebページ内のすべての言葉を検索（全文検索）する。「環境ホルモン」に関する科学的な内容でなくても「環境ホルモン」という文字列があれば検索に引っかかってしまう。そこで，絞り込みが必要になる。

（2）より広い概念のキーワードで絞り込む

　検索エンジン"Google"（2002年5月現在）で「環境ホルモン」で検索すると，約66,000件のヒットがある。絞り込みにはキーワードを追加するのが鉄則であるが，「ダイオキシン」のような環境ホルモンの具体例を追加しても25,700件の情報が検索される。そこで，より広い概念のキーワードで絞り込むことを考えよう。絞り込むというよりも，条件を緩めて検索する範囲を広げるのである。たとえば「化学」や「遺伝」という「環境ホルモン」のひとつ上のカテゴリーを追加してみる。「化学」では28,600件，「遺伝」では2,490件まで絞り込むことができた。この方法は，環境ホルモンについての学問的に優れたサイトをもれなく探し出すことができる。また，専門用語や人名などの特別な語句を指定すると効率がよい。「内分泌撹乱物質」と「化学」をキーワードにすると，1,960件まで絞り込むことができる。

II 実習B「必要なデータを探し出そう」

1. 学習のねらい
(1) 必要なデータを効率的に検索・収集する能力を育てる。
(2) 収集したデータを,目的に応じて整理・グラフ化できるようになる。

2. 授業展開 (配当:2時間)

学 習 内 容	指導上の留意点
実習 (テーマの例)「携帯電話の加入者数の変化」を調べよう。 1. 必要なデータを収集するには,キーワード検索とカテゴリー検索のどちらが適当かを考える。 2. キーワード検索を行うときは,指定するキーワードを決める。 3. 必要なデータを取得する。 　① データがファイル形式で用意されているときは,ダウンロードする。 　② データが表組みのときは,コピー&ペーストで表計算ソフトウェアに入力する。 (ここまで1時間) 4. データは,調査の目的にあった形式に整理する。 5. 表計算ソフトウェアのグラフ作成機能を用いてグラフ化する。 (ここまで1時間)	・調査の目的に応じたグラフの種類を選択させる。

3. 指導展開

(1) テーマの決め方

　テーマの決め方には,自由に決めさせるやり方といくつかのテーマの中から選ばせる2つの方法が考えられる。テーマを自由に選ばせると,生徒は今一番面白いと感じていることを調査できるので,レポートの内容も深まる。しかし,安易にテーマを決定し,Webページの表をコピーしただけのレポートになる可能性もあるので,それぞれの生徒の進捗状況を的確に把握し,適切なアドバイスを与える必要がある。教員が選んだいくつかのテーマから選択させる方法は,生徒の実態に合ったテーマ設定が可能で,情報の学習内容に沿ったテーマを設定することができる。情報教育に関するテーマだけでなく,スポーツ,ファッション,音楽など,さまざま

な興味・関心を持つ生徒が取り組めるテーマも用意するとよい。

(2) URL の超整理法

よく見るWebページは，その都度URLを入力したり，検索するのは不便である。WebページのURLを使いやすく整理する方法をまとめてみよう。まず，URLをコピー＆ペーストで文書処理ソフトウェアに入力する方法が考えられる。文書処理ソフトウェアにURLを入力すると，ハイパーリンク文字列として青色で表示され，クリックするとインターネットに接続してWebページを表示できる。一般には，ブラウザのブックマーク（Internet Explorerでは"お気に入り"，Netscape Navigatorでは"ブックマーク"と呼ばれる）に登録するのが使いやすい。学校では，一台のパソコンを複数の生徒が使用するため，他の生徒が登録したブックマークが混在してブックマークされたサイトがどんどん増えてわかりにくくなるという問題がある。そのためブックマークを禁止している学校もある。

(3) やっぱり，「知っている人に聞く」のが早道

そもそも情報を効率よく探すためのコツは，「知っている人に聞く」ことである。インターネットで情報を検索するときも，どうやって評価の高いサイトを聞き出すかがポイントになる。その分野に詳しい人に聞けば，内容の充実したサイトを（あるいは使えないサイトも）教えてもらえる。身近に達人がいないときは，書籍に紹介されているサイトやWeb上のリンク集を活用するとよい。これらのサイトを訪問することによって，ほかの達人たちを紹介してもらえるかもしれない。このようにして，「達人の和」を広げることができればしめたもの。「知っている人に聞く」というやり方は，自分で情報を探し出すという喜びを味わうことはできないが，とても効率のよい情報検索の方法である。なお，実習に必要な携帯電話の加入数やＰＨＳの加入数などのデータは，総務省情報通信統計データベース（http://www.johotsusintokei.soumu.go.jp/index.html）から入手できる。

Ⅲ 実習Ｃ「挑戦☆検索コンテスト」

1．学習のねらい
(1) 検索の技能を高め，情報を収集する高度な能力を育てる。

(2) ゲーム性を取り入れ，楽しみながら検索のノウハウを身につける。

2. 授業展開 （配当：1時間）

学 習 内 容	指導上の留意点
実習　「検索コンテスト」を行う。 1.パソコンを起動し，ブラウザを立ちあげる。 2.問題を配布し，教員の合図でコンテストを開始する。 3.回答用紙を回収してコンテストを終了する。	パソコンのトラブルなどが発生したときは挙手させる。

3. 指導展開

（1）検索コンテストの運営

① 検索コンテストとは？

　検索エンジンを用いてさまざまなテーマに関する問題を，検索方法や検索結果について検討しながら回答するコンテストを"検索コンテスト"とよんでいる。

② 問題の作成

　問題作成は，授業を担当する教員だけでなく他教科にも協力を仰ぐと幅広いテーマの問題をそろえることができる。コンテストを成功させる鍵は，生徒の状況に応じて問題の難易度を決めることである。また，問題の内容にも工夫をしたい。たとえば，「日本料理の"一汁三菜"とは何をさすか？」のような教科の学習内容に直結するものを選べば，コンテストが教科学習の場になる。しかし，「元"X JAPAN"の"YOSHIKI"の本名は？」，あるいは，「今夜の"ミュージックステーション"（テレビ朝日系列・関東地方では金曜日20時から放映）のゲスト1組をあげよ！」など，たわいのない問題を盛り込んでおくと生徒は乗ってくる。この作問がもっとも手間と時間のかかる作業である。

③ コンテストの実施

　1チーム2～3名，出題は10問，制限時間は20～30分として，授業時間に実施するのがよい。コンピュータの起動とブラウザの動作確認をする時間が必要。ブックマークやブラウザの履歴を消去しておくことも忘れてはいけない。また，クラスの優勝者による決勝戦「検索の鉄人コンテスト」を実施すれば大いに盛りあがる。生徒の実行委員会をつくり，コンピュータの管理・審判・記録・採点・集計などの作業のうち，生徒にまかせられるものは生徒の手によって運営させると参加意識が高まり，教員の負担も軽減できる。

④ 採点方法

　正答に得点を与える，誤答を減点する，制限時間より早く回答したときは加点するなどを組み合せて採点基準を決めるとよい。

⑤ 図書館との連携

　図書とインターネットが同時に使える空間が用意できれば，図書資料とインターネットの両方を使ったコンテストを企画するとよい。情報を収集する目的や内容によって，適切なメディアを選ぶ能力を育てることができる。

(2) 検索の鉄人への道

　目的の情報を想像する：見つけ出したい情報を想像して，そのページにはどのような単語が使われているか，あるいは，どのような単語があるべきかを考えて適切なキーワードを選ぶことが基本。「47都道府県のうち"村"のない都道府県が2つある。それはどこか？」という問題（注を参照）では，どのようなキーワードを指定すればよいだろうか。都道府県庁のサイトには，市町村の統計情報をのせたページが必ずあるはずである。"村"のない都道府県庁のサイトでは，そのタイトルが「市町村別一覧」ではなく「市町別一覧」になっていると考えてよい。したがって，「市町別」をキーワードに指定すればよい。正解は，香川県と兵庫県。

(3) どのようなコンテストが実践されているか

① インターネット上の検索コンテストに「検索の鉄人」がある。第1回が1997年に実施され，翌1998年に第2回が行われたが，その後実施されていない。検索エンジンgooを使った検索コンテストで，鉄人という名にふさわしくかなり難しく，マニアックな問題も出題された。

② 私立桜丘女子中学・高等学校（東京都北区）では，「検索の女王コンテスト」（女子校だから女王さま?!）という優れた実践が行われている。同高校のURLは，http://www.sakuragaoka.ac.jp/shs/ である。

参考文献

・「PC STYLE 21」，毎日コミュニケーションズ，1999年12月創刊号

2 アプリケーションソフトを用いたデータ処理を体験しよう

実習番号	IR-2
具体的で正確な表現	表計算ソフト・Webページ等のデータベース（的）機能を学ぶ
必要な設備・環境	インターネットが利用できる環境
使用するソフトウエア	表計算ソフト（Microsoft Excel等）
単元	情報A，B
目標・留意点	身近なアプリケーションの中のデータを，処理（整理・分析）する方法を学ぶ。データベースの学習は，データベースソフトの実習だけではない。表計算ソフトを使って既存のデータを自分で整理・検索・分析する方法を学習し，さらに他のツールでの検索機能等も学び，活用能力の向上を図りたい。
導入・展開に向けて	以下に述べるような授業展開の場合，目的にあったデータの提供が重要。例えばネット上で公開されているデータをうまく利用したい。 利用データについて ・項目数の考慮［実習の必要性が感じられるデータ］ ・比較的簡単な内容［難しい内容の統計データ等を用いるとデータの処理以前に何をやるのかわからない生徒が出てくる］ ・Excel形式またはHTML形式（一般のWebページ形式）で公開されているものを利用[これらの条件を満たすようなデータは，統計資料として公開されているものが多い。検索エンジンなどで「統計」をキーワードにして検索するといくつか出てくる。]　また状況にあわせた学習順序の構成によって学習効果が変わる。表計算ソフトの習熟度合（例えば初めてであれば身近な一覧表で感覚をつかませることも必要。またSUM関数などがわからない生徒にデータベース関数のメリットから授業してもわからない）を十分把握し学習計画を立てたい。はじめはCOUNTやMAX，DSUMといった比較的イメージをつかみやすいものから実習していきたい。

評価の観点 まとめ	・表計算ソフトにおけるデータベース（的）機能を理解したか。自分でデータを整理して分析することができるか（時間があればグラフの活用も）。 ・表計算ソフト以外のアプリケーションソフトの情報検索機能を理解できたか。 ・機能の便利さがどの場面で有用か考察できているか。
事前の用意	表計算ソフトやWebページ検索の習熟度の把握，②③で説明するためのデータ作成，提出プリントの作成

授業展開例・実践のポイント　括弧内の数字は実習時間の目安である。

① 導入－コンピュータ実習の目的を把握させる（0.5）

例えば，クラスの生徒の出身中学を調べるときにどうするか。また，歴史の本から「徳川家康」の業績を探すときにどうすればいいかなど，これから行うことを，いくつかの例で発問・説明し，実習の目的を把握させる。

② 利用データの検索・作成（0.5～1.0）

インターネット上のWebページから有用なデータを検索し（情報検索の項目の復習も兼ね）Excelに統計データをコピー＆ペーストで貼り付ける（著作権に注意）。データ形式の違いによるダウンロードの方法についても説明。また，クラス名簿一覧や部員名簿一覧表等のデータを用意し，以下の機能が実習できるデータで実習してからネットワーク上のデータ検索に進んでもよい。

③ 表計算ソフトのデータベース機能でデータを整理し分析（1.0）

主に次のような機能を実習する

1) COUNT，MAX，MIN等データベース的機能を持つ簡単な関数
2) DSUM，DAVERAGEなどのデータベース関数
3) オートフィルタ，検索，置換，並べ替え，抽出などのデータベース機能を使った実習や実習結果を

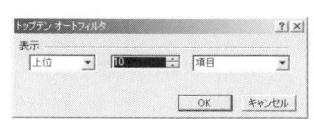

関数ウィザードの例　　オートフィルタの例　　並べ替えの例

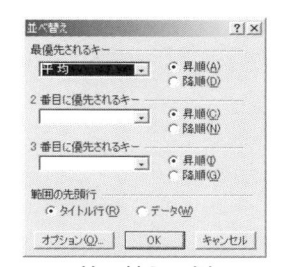

2　アプリケーションソフトを用いたデータ処理を体験しよう

記入できるプリントを配布しレポートさせる。

> 右図は,「ツール」－「フォーム」から条件検索ができるダイヤログボックスである。これは,カード式のデータベースとも考えられることにも触れたい。

条件検索のダイヤロ
グボックスの例

④ **論文や解説のWebページの中から特定の用語を検索する(0.5～1.0)**

「Webページから『徳川家康』について書いてある部分を検索してみよう」。

例)「日本の歴史を見よう」(http://www.rekihaku.ac.jp/kodomo/2/miyou3.html) というページ内にある,徳川家康について書かれた事項を検索してみよう。

1) ブラウザの[編集]-[このページの検索]をクリックする。

2) 検索する文字列に「家康」と入力し,[次を検索]をクリックするとWebページ上にある検索文字列が反転表示される。

Wordにおいても[編集]－[検索]で同じ機能が提供されている。

⑤ **発展および分析・間違いやすい点や結果について解説 (1.0)**

他のWordのディジタルデータ(論文等),Webページ等で,地名・年号・キーワード等を検索してみる。プリントを用意し結果と使った機能を記入。

まわりの生徒や教員が用意した結果と違った場合の理由および,機能の便利さがどういった場面で有用かをレポートし,それを材料に話し合わせたい。

参考文献
・大岩元「情報科教育法」,オーム社,2001.
・文部省「高等学校学習指導要領解説　情報編」,開隆堂出版,2000.
・文部省「平成12年度　新教科「情報」現職教員等講習会テススト (1)(2)」,2000.
・「高等学校　情報A,B」,開隆堂出版,2002.

3　データベースを設計・作成してみよう

実習番号	IR－3
具体的で正確な表現	データベースの設計・作成を通してデータベースの構造および表計算ソフトとの違いを学習する
必要な設備・環境	パソコン
使用するソフトウエア	Microsoft Access
単元	情報B
目標	・データベースを作成し，データベースの構造等を学習する。ただし普通教科情報では，特にツール（Access）の習熟だけが目標とならないようにしたい。 ・データ整理やデータ型の定義の意義を表計算ソフトとの違いとともに教える。［表計算ソフトはセルにデータを入力すればデータ形式に関係なく入力できるが，データベースソフトは指定した型以外は入力できない。］　データの修正が生じた場合，表計算ソフトの場合，各データをデータの数だけ修正する必要があるが，データベースソフトの場合（データが正規化されていれば）1箇所だけ修正すればよいなどを実習で体験させたい。 ・また，データベースの作成における重要な点である，クエリー（仮想表）の作成を通してリレーションシップの定義や設定方法，主キーの概念，SQL文の確認，確認したSQL文を一部修正し結果が異なることなども扱いたい。ここはリレーションやSQL文などデータベース固有の概念などが多いのでそれらを生徒にわかりやすく教えるための工夫も必要。
導入・展開に向けて	実習前に，データベースの設計の概念・留意事項，また，実習全体の流れを周知しておく。
評価の観点 まとめ	・データベースの構造（設計方法）が理解できたか。 ・リレーションシップやSQL文などデータベース固有の概念が理解できたか。 ・データベースソフトと表計算ソフトの違いが認識できたか。

|授業展開・実践のポイント|　括弧内の数字は実習時間の目安である。

　以下の実習は「教員が用意した題材（ここでは学級文庫の管理）を使って作成していく」。生徒一人ひとりに題材を考えさせて作らせる場合は展開が変わる。

① 導入 Access の基本の説明（0.5～1.0）

② 作成するデータベースの目的を明示（③とあわせて0.5～1.0）
　　（例：学級文庫にある書籍を管理する。いつ，誰が，どんな目的で利用するか。）

③ 必要なテーブルとフィールドを挙げる
　　（例：図書コード，図書名，ISBN コード，著者名，出版社コード，ジャンルコード　など）最初から必要なフィールドを教員が示すか，生徒に考えさせた後に今回の作成に使うフィールドを決めるかは生徒の習熟度等にも関わる。

④ テーブルを作成・データの入力・クエリー（仮想表）を作成（⑤を含め2.0）
　　（さらに，ここでSQL文や主キー，リレーションシップに触れて理解させる。）

> 1) テーブルの作成→リレーションシップの説明をするために最低2つは作成したい。
> 2) テーブルにデータを格納→クエリーやSQL文などの説明・実習を理解しやすくするため。
> 3) リレーションシップの設定→リレーションとは何かを説明した後に設定の方法を述べる。
> 4) SQLによるクエリーの作成→クエリーという概念をまず説明後にSQLで命令文を記述することによってクエリーが作成できることを説明する。

　SQL文は1つだけでなくWHERE句を書き換えるなど検索条件を変えながらいくつか実行してみる。こうすることにより生徒にSQL文の意味を（比較的簡単に）理解させることができる。

⑤ データ入力用画面の設計・データ出力用画面の設計

　この実習はソフトの操作の習熟が中心の実習ではないので，入出力用画面は凝ったものでなくシンプルなものでよいであろう（ただしインターフェイス有用性は説明）。そして入出力用の画面を作成する目的（入力はテーブルで，出力はクエリーでそれぞれできるが，なぜここで入出力用の画面を作成するのか）を生徒に話しておきたい。またここまでの実習をスムーズに進められる生徒ばかりではないので，段階的に用意したサンプルデータの作成・配布等工夫が必要。

⑥ **考察・まとめ（1.0）**

|授業展開における具体例や実習手順|

（注：以下の具体例に用いている画像は，Microsoft Access 97を用いている。Access 2000や同2002（Office XP）では画面構成が異なるので注意）

① Accessを用いて実習を行うので，機能等を説明しておく（データベースソフトにはいくつかの種類がある。それぞれ持っている機能が異なっている。OracleはSQLを用いてデータの作成や検索などを行い，OSと密接した動作をする。表計算ソフトのように他社の同類製品で同じように操作できるとは限らない）。

② 教員がテーマを与えた場合はこのデータベースを作成する目的を説明。生徒が考えたテーマならそれを選んだ理由や作成の目的を述べさせる（プリントに記入）。またデータ整理の方法を扱う関係から，どのようなフィールドが必要になるか生徒に考えさせたい。ただしフィールド構成は正規化の概念などがないと難しいので，ここでは完璧な回答を求めない。データベースソフトの利点はやはり複数のテーブルに分けられる（正規化），リレーション，クエリー等にある。1つの表であらわせるものならデータベースソフトで作らなくても表計算ソフトの方が簡単であろう。利用目的をはっきりさせて作らないと利用価値のないものになってしまう。全体イメージの把握つまり設計が大切であることを説明。例えば「データベースは作成後のデータの変更は容易だが，設計の変更は困難になる」ということ等。ただしこれをこの段階で生徒に理解させるのは難しいので，時間があればデータベース作成実習（データベース完成後）で既存のリレーションを削除してみるなど実際に構成を変更させてその結果を生徒に見せておきたい。例として学級文庫データベースの設計図を以下に挙げる。

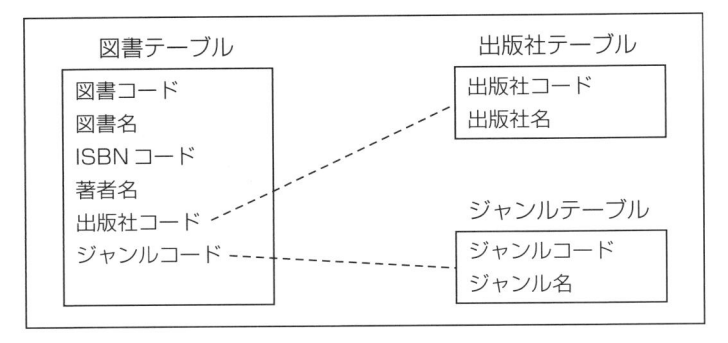

「学級文庫データベース」の設計例

図書テーブル
- 図書コード
- 図書名
- ISBNコード
- 著者名
- 出版社コード
- ジャンルコード

出版社テーブル
- 出版社コード
- 出版社名

ジャンルテーブル
- ジャンルコード
- ジャンル名

③：1) Accessを起動。新しいデータベースを作成し，保存先と保存するファイル名を指定して「作成」。(他のソフトと違い，作成前に保存する必要があること等を話しておきたい。)

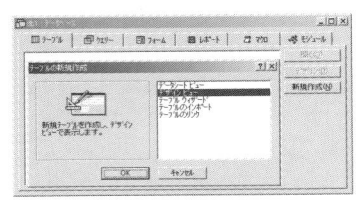

2) テーブルを作成。また，ここで「テーブルのインポート」を選ぶことによりExcelで作成したワークシートをテーブルとして登録する（インポートするという）こともできる。データベースソフトは表計算ソフトとの連携が容易にできるということを教えておきたい。

3) 作成するフィールドとデータ型を定義。主キーの設定。

4) テーブル名（ここでは「図書テーブル」）を入力し「OK」。

5) データを入力し閉じる。残りの2つのテーブルは，同じ方法かExcelで作成し，インポートして作成する。

6) リレーションの設定。
　ⅰ. 3つのテーブルを選択し，[追加]－[閉じる]。

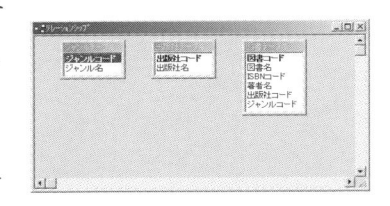

82　２　情報検索，表計算，データベース

ii. 出版社テーブルの「出版社コード」を図書テーブルの「出版社コード」に，ジャンルテーブルの「ジャンルコード」を図書テーブルの「ジャンルコード」にそれぞれドラッグ。（「参照整合性」にチェックを入れる。）

7) クエリーの説明と作成実習

　　リレーションで結ばれた2つ以上の表を仮想的(実際は結合していない)結合。

　　i. クエリーに表示させるフィールドを選択。ここで表示させるフィールドは図書コード，図書名，ISBNコード，著者名，出版社名，ジャンル名。

　　※出版社コード，ジャンルコードは選択しなくてよい。

　　ii. [表示]-[データシードビュー]。ここで確認したいのは，図書テーブルにはない出版社名やジャンル名が表示されていることである。このように複数のテーブルにまたがったフィールドを1つの表のように表示させることができるのがクエリーである。

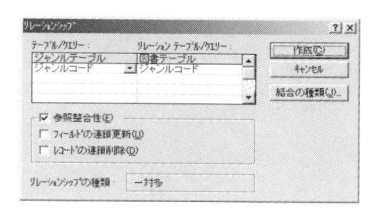

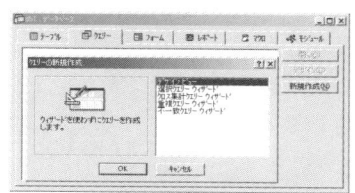

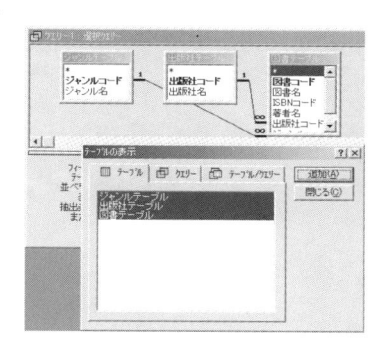

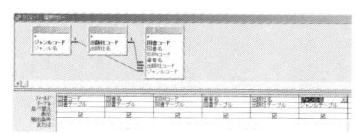

8) データの書き換え

　　表計算ソフトは複数の修正が必要になるがデータベースソフトは（うまく正規化されていれば）一箇所の修正のみで対応できる。ここで実際に修正を行ってみたい。

　　例) 出版社テーブルのコード02，「B出版社」を「E出版社」に書き換える。

　　i. 「出版社テーブル」を開き，「B出版社」を「E出版社」に書き換える。

　　ii. 出版社テーブルのウィンドウをクエリータブから「図書クエリー」を開く。

iii．以前「B出版社」と表示されていたところが「E出版社」となっているのを確認。

　　表計算ソフトの場合この段階で2つの表のデータの数だけ書き換えなくてはいけないがデータベースソフトでは1回しか修正処理をしていない。

9) SQL文の修正（発展的内容）図書クエリーを書き換える。SQL文の一番下に以下のコマンドを入力する。（上の行にある「出版社コード」の隣のセミコロン（；）を削除しておく。）WHERE 図書テーブル.出版社コード = '02'；（ある条件に該当するレコードだけを表示する機能）

　　　i．［表示］-［データシートビュー］をクリックすると出版社コードが2，つまりE出版社のデータだけが表示されている。これまではアプリケーションの操作によってクエリーを作成したが，SQLで記述されていることを理解させたい。普通教科情報では，基本的なコマンドの意味に触れておく程度でいいだろう。

④ 画面の作成自体はオートフォーム（自動で作成してくれる機能）で作成。インターフェイスの有用性の観点からそれらのオブジェクトの配置などどうすれば使いやすい画面になるか（例：人間は画面の左上から右下に向かって目が流れる。テーブルやクエリーのフィールドの順番に沿って配置する）等の観点に触れたい。

参考文献

・大岩元「情報科教育法」，オーム社，2001．
・文部省「高等学校　学習指導要領解説　情報編」，開隆堂出版，2000．
・文部省「平成12年度　新教科「情報」現職教員等講習会テスト（1）（2）」，2000．
・「高等学校　情報A，B」，開隆堂出版，2002．

4 「お絵かきロジックパズル」を作ろう

実習番号	IR－4
具体的で正確な表現	お絵かきロジックパズルを作問する
必要な設備・環境	パソコン（ネット使用）
使用するソフトウエア	Microsoft Excel
単元	情報A（1）ア・イ
目標	表計算ソフト・ネットワーク基本操作習得
配分時間	4時間
実習をするために必要な予備知識やスキル	ロジックパズル解法の習得

【事前】
① 問題（お絵かきロジック）と解法を示したプリントを配布。
② 説明を加えながら，解法の習得を目指す。
③ 別問題を配布し，次回の提出を求める。
※他単元授業の後15～20時間を充当して説明。その後，3回をめどに授業時間外での課題扱いで毎時の提出を求め，解法習得の徹底をはかる。

【第1時目】
① 課題プリントの回収および正解と解法の確認。
② パズル作成の指示と要領を確認。
③ パズルシート（方眼）の作成・提出。（提出先はサーバの指定フォルダへ）

【第2時目】
① 作成シート上に完成図柄のイメージ。（プリント・アウトさせてチェック）
② パズル作成・提出。（提出先はサーバーの指定フォルダへ上書き）

【第3時目】
① 前時確認と作業の継続を指示。
② 作成，提出。（保存先はサーバの指定フォルダへ上書き）

1．はじめに

　本課題では，目標は表計算やネットワークの使用を主としながらも3時間の中で楽しみながら柔軟な発想や思考を期待することを第一とし，以後に展開していく表計算やネットワーク習得のきっかけとなる程度にとどめています。また，1単位の中で多くを学ばせることは困難です。時間不足を補う意味で本課題に止まらず授業外処理の課題を毎時求めていく旨を生徒に理解させます。本校はかつて商業科（平成4年募集停止）を有していたこともあり，最近に至るまでコンピュータ実習に充当される時間は90％以上という状況が続いていました。新教科導入に伴うカリキュラム編成により他教科によるコンピュータ室の使用時間も増加することとなった為，実習時間を上限で70％程度とし，過度にコンピュータに頼ることのない柔軟な発想・思考を求めた内容に加え，ペーパーによる定期考査の実施にも対応しうる授業展開が必要であると考えました。限られた少ない時数の中でいかに効率良く学ばせるか，ひとつの課題にいかに他単元と絡みを持たせるかということを重点に平成13年度から実践し，現在なお試行錯誤しています。

2．表計算（ソフト）について

　周知のとおり表計算ソフトは「情報活用のための工夫と情報機器」「情報の統合的な処理とコンピュータの活用」手段として実に多く触れる機会があります。年度当初の基礎指導の段階でワープロソフトを使用せずに表計算ソフトを多用することで，より説得力を持ったプレゼンテーションやホームページづくりにつながるよう指導しています。

3．ネットワーク指導について

　インターネットそしてLANは今時の携帯電話の構造や使用方法と比較することで意外と容易に概念や階層について理解を求めることができます。必要以上の詳細説明はむしろ複雑にしますので極力避けるようにしています。ネットワークの設定については教科書に触れられている箇所で関連用語の説明をするにとどめそれ以上

は求めていません。

4．本課題について

　対象の多くは潜在的に高い能力に恵まれながらも自信を失っている生徒ですので年度を通じ動機づけには特に留意しながら教材準備するよう心がけています。本課題は柔軟な思考・発想力を求めるとともに目前のコンピュータを常に使用するのでなく，紙やペンを併用しながら作業を行うという意識を同時に備えさせていきます。ある公立大学のソフトウェア科のユニークな入試問題やゲームのテトリスを紹介しながらパズルを教材としたことについての理解を求めます。シンプルな課題でありながら生徒の取り組み姿勢は予想をはるかに超えています。ほとんどが限られた少ない時間で完成度の高い作品を目指してくれます。お絵かきロジックはかつて家庭用テレビゲームソフトとしても流行した経緯があり，本課題に限らず思考・発想を要する課題を利用することはアルゴリズムの能力を高めていくことにもつながると考えています。

5．お絵かきロジックと解法

　Q：縦と横の数字のとおりマスを塗り潰していくと絵が浮かび上がってきます。さてどんな絵でしょうか？

縦の列の上から順に，2マス・1マス・2マス・2マスと塗り潰す箇所がある事を意味します。ただし，それぞれの間隔は1マス以上あけなければなりません。

縦の列20マスのうち19マスを塗り潰します。

20×20マスの場合，まず11以上の数字が関わる行・列から塗りつぶしが可能であること，塗り潰す場合には必ず相応の根拠があることなどを徹底して理解させます。

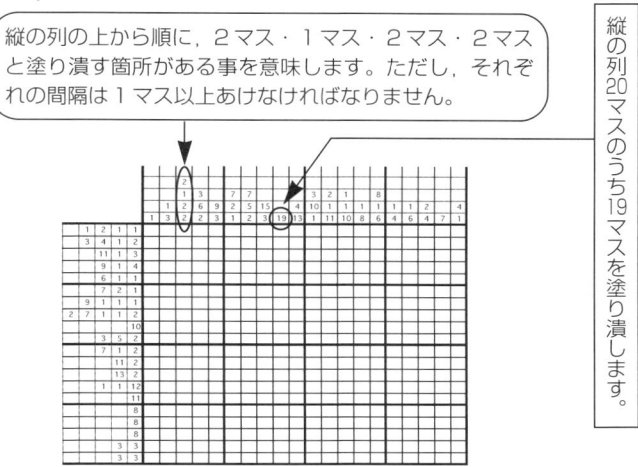

① 19マスを塗り潰す列について，下図のように塗り潰すということを一度の説明で理解できる生徒の割合は60%程。説明を繰り返し理解を深めさせます。
② ①同様の要領。
③ ①②同様の要領。
④ 空いたマスを説明なしで塗り潰せた生徒はおよそ30%。この部分の理解を深めると以後ほとんどの生徒が説明を必要とせずに進むようになります。

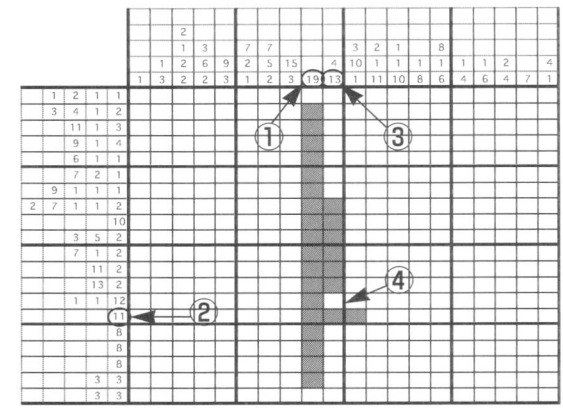

6．作問の段階での注意

　図案作成の段階での注意事項として「塗り潰し部分が少なすぎると問題として成立しにくい」ということを強調しておきます。下図の場合，犬だけでは成立しにくいということで棒と綱と小屋を後から付け足して完成させた図案です。

7．評価

　学期末に課題ごとの評価（各課題100点満点）を平均化し，期末評価の基本としています。本課題では，事前20点，1時目20点，2時目50点，取組姿勢10点の配分で評価しています。

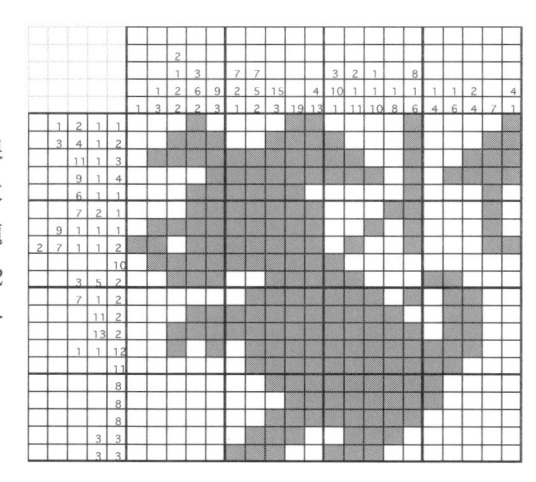

参考文献

・菫工房（西尾徹也・杉本幸生）「パズラー別冊　ザ・パズル」世界文化社，1991．

5　あなたはパン派，それともごはん派？

実習番号	IR−5
具体的で正確な表現	アンケートによる情報の収集と発信
必要な設備・環境	パソコン（インターネット，LAN接続）
使用するソフトウエア	データベースソフト(Microsoft Access)・表計算ソフト(Microsoft Excel)，OMR，OCR
単元	情報A（3）イ
目標	情報の収集，処理，発信の一連の過程を実際に体験することで，情報の処理の方法を学習するとともに，情報の信頼性について考える。
配分時間	最小4時間〜最大8時間
実習をするために必要な予備知識やスキル	ExcelやAccessの知識があれば授業は行いやすいが，使用する技術は限られているため，その場で説明，習得が可能。

1．はじめに

　アンケートの作成，集計，分析を実際に行うことで，情報の収集と処理・発信の実習を行います。この実習は，ついでに，データベースや表計算ソフトの使い方までやってしまおうという欲張った実習です。大量のデータを扱う場合，百や二百個のデータなら表計算ソフトでも何とか処理できますが，千個近いデータを扱う場合，表計算ソフトで集計すると大変です。そこで，データベースが登場します。また，集計を行う場合，図やグラフを描くには，データベースソフトでも可能ですが，表計算ソフトの方が容易に作成できて，レポートに挿入も簡単です。アプリケーションソフトにはそれぞれ一長一短があり，それを上手に組み合わせて使いこなすことが大切です。

2．第1時限（導入）

　導入です。生徒にアンケートを実施し，それについて，レポートを作成すること

を伝えます。アンケートのテーマは何でもかまいません。生徒が興味を持つ内容で，生徒指導や生徒の人権に配慮したものを考えてください。また，保健体育や家庭など他教科と連携してみるのも良いと思います。

「今日，朝ご飯を食べた人は手を挙げてください。」
手を挙げた人の人数を黒板に書きます。つづいて，ごはんかパンか？みそ汁を飲んだ人？牛乳を飲んだ人？，卵は？卵は目玉焼き？それとも巻き焼きそれともゆで卵？といくつか質問をしていき，その人数を板書していきます。

「なぜ，朝食はきちんととらなければならないか知っていますか。」
と発問してみます。厚生省の調査では，一人暮らしの女性の場合30％の人が朝食をとっていないという結果が出ています。なぜ，朝食をとらないのでしょうか。全校生徒に対して，朝食についてのアンケートを実施し，レポートを書くことを生徒に伝えます。生徒を4〜5名のグループに分け，各グループごとにテーマを決定します。

- 朝食と健康について
- 朝食のメニューについて
- 朝食をとらない理由
- 目玉焼きはしょう油それともソース，など

テーマが決まったら，各グループごとに，自分たちの考えや予想をまとめます。

3. 第2時限（アンケートの作成）

アンケートを作成する上での注意点を説明します。
- 各グループが作成したアンケートは，1つのアンケートにまとめます。各グループが別々にアンケートを実施したら，アンケートに答える方が大変なことになります。
- できるだけ，1つの質問に対して，回答は1つになるようにします。2つ以上の回答を許すと集計が複雑になります。
- 選択肢には，「その他」という項目を最後につけるが，「その他」を選択する人数ができるだけなくなるように選択肢を考えます。

生徒が作成したアンケートをまとめて，1つのアンケートを作ります。このとき，OMRやOCRが使える場合は，その書式にあわせるように質問の形式を統一する必要があります。また，使えない場合も集計しやすいようによく考えて回答用紙を

作成しましょう。作成したアンケートは，ホームルームなどを利用して実施してもらいます。OMR，OCRが使える場合は，入力してデータベースを作成しておきます。もしなければ，第3時限は入力の時間になります。

朝食についての調査

1年6組一同

私たちは，情報Aの授業「情報の収集と発信」でアンケート調査を行うことになりました。このアンケートの結果は，授業以外で使われることはありません。ご協力をお願いします。

　　　回答は右の□に数字で記入してください。

1．あなたの学年は何ですか。
　　　　1．第1学年　　2．第2学年　　3．第3学年

2．あなたの性別を教えてください。
　　　1．男子　　　2．女子

3．あなたは，毎日朝食を取りますか
　　　1．毎日必ず食べる。
　　　2．1週間に5日以上は食べる。
　　　3．1週間に3日以上食べる。
　　　4．1週間に1日以上食べる。
　　　5．ほとんど食べない。
　　　6．全く食べない。

4．3で1と答えた人以外に聞きます。あなたが朝食を食べないのはどうしてですか。
　　　1．朝食を食べる時間がない。
　　　2．朝，食欲がない。
　　　3．ダイエットのため。
　　　4．その他（

以下略

4. 第3時限（データベース）

　データベースを使うには，ほしいデータを明確にしておくことが大切です。たとえば，「朝食を食べない人は，学年が上がるに従って増加する」という仮説を立てたとします。そのとき欲しいデータは「男女別学年別の朝食を食べる人と食べない人の人数」となります。ここまでまとめるとAccessのクロス集計の機能を使うことで簡単に集計できます。「朝食を食べない人の理由」を知りたい場合，一旦，朝食を食べない人だけを抽出してクエリーを作成します。そのクエリーを利用して，「学年別男女別の朝食を食べない理由」をクロス集計します。操作方法は理解できても，欲しいデータが明確でないためにクロス集計を使いこなせない生徒がいます。その場合は，紙に「○○別□□別××の人数」と書かせてみると良いでしょう。目的がはっきりして，データベースが扱いやすくなります。

補足：クロス集計は，リレーショナルデータベースの本来の機能ではありません。ですから，データベースによって使い方が大きく異なることがあります。

5. 第4時限（グラフの作成）

　前時のクロス集計をグラフにしてみます。まず，Accessの「Excelに出力」という機能を使って，クロス集計した表をExcelに出力します。あとは，Excelのグラフ機能をつかって，出来上がり。グラフは，折れ線グラフ，棒グラフ，円グラフの3つのグラフで十分です。変化を表したいのなら，折れ線グラフ，人数を比較したいのなら棒グラフ，比

率の比較をしたいのなら円グラフ，などです。すでにExcelのグラフ機能を学習した生徒の場合，カラフルなグラフや立体のグラフなどの凝ったグラフを書きたがりますが，グラフはあくまでもレポートの内容を補強するものであって，凝ったグラフは必要がないことを注意します。まず最初に，データを加工してグラフ化するときの注意を説明します。

(1) 母集団の数が異なるときは，単純に人数の比較はできない。

　たとえば，朝食をとる人ととらない人の人数を調べる場合を見てみます。男子の場合，学年が上がるに従って必ず食べると答えた人の人数が増加していますが，学年が上がるに従って増加していると言えるでしょうか。百分率で表してみましょう。増加しているといえるでしょうか。

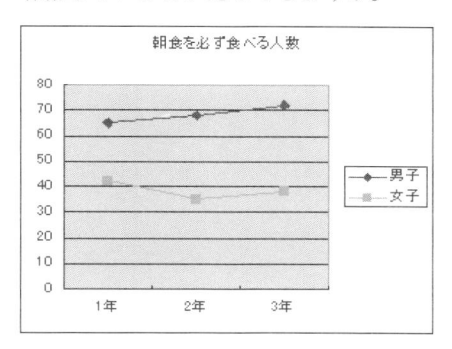

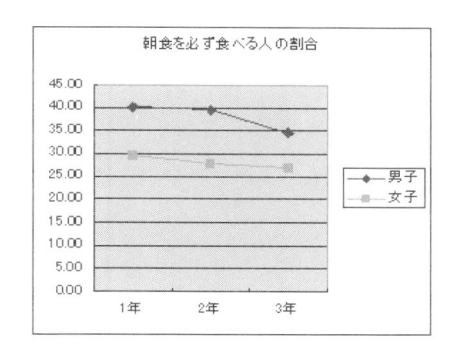

(2) グラフの縦軸の目盛りを変えると，見方がかわる。

　最小値と最大値の幅を大きくとると，あまり変化していないように見えますが，小さくとると増加しているように見えます。このデータをみて，変化していないと主張する人は，幅を大きくとってグラフを書きましょう。また，増加していると主張する人は幅を小さくとりましょう。けれどもこの情報をみて，増加していると主張する人はいないはずです。

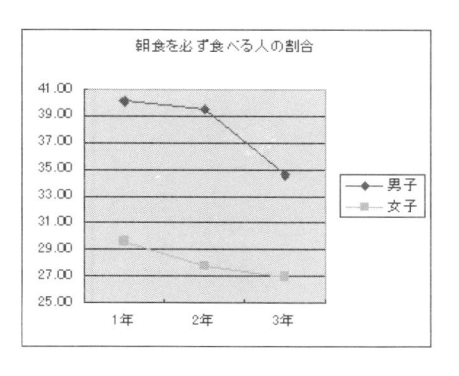

　発信者の恣意が含まれる個所は他にもあります。例えば，朝食を食べると答えた人の人数は何人でしょう。必ず食べるとたいてい食べるの合計？それともときどき食べるを含める？ここにも，発信者の恣意が含まれています。このように加工され

た情報には，発信者の恣意がある程度含まれていることを強調します。以上のことに注意しながら，グラフを作成しましょう。

6．第5時限（レポートの作成）

　作成したグラフを，ワープロに貼り付け，レポートを作成します。アンケートをする前に立てた自分の仮説は正しかったのか。新たにわかったことはあるかなど。また，このアンケートの結果に対する自分の考えを必ず書くように指導します。

　時間に余裕があれば，ワープロのWeb作成機能をつかってWebを作成し，ほかの生徒のレポートを読んでみんなで採点しましょう。また，自分の書いたレポートをプレゼンテーションソフトをつかって，簡潔にまとめて，プレゼンテーションをするのもよいでしょう。

3 マルチメディア

1　不思議な写真を作ろう！

実習番号	MM－1
具体的で正確な表現	静止画像の処理
必要な設備・環境	パソコン，ディジタルカメラ
使用するソフトウエア	（ペイント系）画像編集ソフト （Adobe Photoshop 5.5）
単元	情報Ａ（3）ア
目標	静止画像の仕組みと画像処理の基礎を理解し，ペイント系ソフトを使うことができる
配分時間	2時間
実習をするために必要な予備知識やスキル	基本的なファイルの取り扱い方法
準備するもの	演習用の静止画像ファイル多数

１．実習「不思議な写真を作ろう！」について

　ディジタルカメラで撮影した静止画を組み合わせて，不思議な写真を作る。今回の実習では1人で1作品を作るものとする。

２．実習の流れ

(1) 導入（第1時）「静止画像って？」
① ソフトの起動と操作画面
　　【生徒の学習活動】
　　　・ソフトを起動し，ツールボックスやパレットをさわってみる。
　　【指導上の留意点】
　　　・「ブラシ」や「消しゴム」の使い方，「ナビゲータ」を使った移動や拡大縮小

などについて説明する。
② 簡単な加工

【生徒の学習活動】
- サンプルファイルを生徒PCにコピーする。
- 画像回転，色調補正の機能を使う。

【指導上の留意点】
- ネットワーク上にサンプルを用意しておき，フォルダごと生徒PCにコピーさせる。このとき，ファイル数やサイズによってはかなり時間がかかるので，コピー中に，次のところの説明をしておくと良い。
- 画像を拡大することによって，1つ1つの画素（ピクセル）が見え，これによって画像が構成されていることに気づかせる。
- 解像度についても説明する（図1）。
- ここでは「90°回転」や「自動レベル調整」のみに触れ，あまり深入りしないようにする。
- 余裕があれば，「切り抜き」「スタンプ」などにも触れてみる。

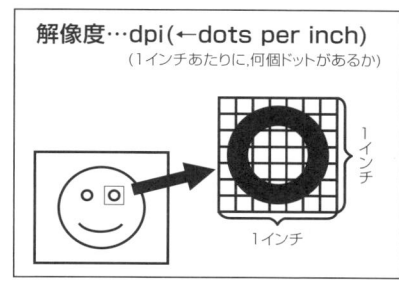

図1　解像度の説明図

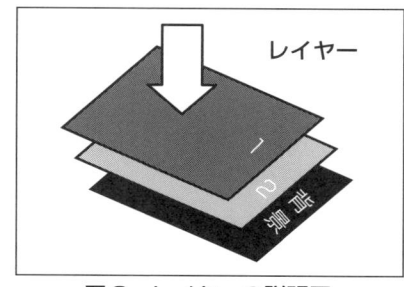

図2　レイヤーの説明図

(2) 展開1（第1時）「何ができるかな？」
① 顔

【生徒の学習活動】
- サンプルファイルから必要な部品を「移動ツール」で移動させる。
- 「レイヤー」を理解する（図2）。

【指導上の留意点】
- レイヤーについて説明し，その利用方法や利点を理解させる。

・「レイヤーとは，透明フィルムに絵を書いたもの。重ねてみると1枚になる」
　　　などと説明する。
　　・1枚のレイヤーを修正するときに，他のレイヤーには影響を与えないことを
　　　理解させる。
② 選択ツール
　【生徒の学習活動】
　　・様々な選択方法について理解し，試してみる。
　【指導上の留意点】

> 矩形選択・楕円形選択，自動選択ツール，なげなわツール
> マグネット選択ツール，クイックマスクモード

　　・それぞれの選択方法に適した素材を用意しておき，それぞれについて説明する
　　　（ディジタルカメラを持って学校の周りを歩いてみると，様々な素材があり必
　　　要なものはすぐに集まる）。
　　・どの場合にどの選択方法を使うといいのかを考えさせる。
　　・それぞれのオプションについても簡単に触れる。
　　・選択後，選択範囲を反転し，必要な部分を切り抜くように指示する。
　　・選択の作業は，時間をかければかけるほど良いのだが，後でじっくり試すこと
　　　として，時間を区切って進む。
③ 文字
　【生徒の学習活動】
　　・文字ツールについて理解し，試してみる。
　　・文字のレイヤー効果を使う。
　【指導上の留意点】
　　・文字ツールについて説明する。
　　・「ドロップシャドウ」や「ベベルとエンボス」などの効果について説明する。
④ 保存
　【生徒の学習活動】
　　・ファイル形式や画像の圧縮について理解する。
　【指導上の留意点】
　　・ファイル形式について説明する。

2 ®マークってなに？

実習番号	MM－2
具体的で正確な表現	自分自身を表すマークを作成しよう。（文字又は記号）
必要な設備・環境	PC　タブレット等
使用するソフトウエア	Adobe Photoshop elements
単元	マルチメディアによる表現
目標	知的財産権，特に商標権の理解と画像処理ソフトウエアの簡単な使い方の習得
配分時間	① 自分のロゴマークを作成する前に ……………1時間 ② Webから商標を集めてみよう　……………1時間 ③ Adobe Photoshop elementsの使い方 ……1時間 ④ 自分のロゴマークの作成 ……………………1時間
実習をするために必要な予備知識やスキル	Excel，Word等の基本的な操作ができWebの閲覧ができるだけのスキルを有している。

1．自分のロゴマークを作成する事前学習（1時間）

　我々の暮らしの中には，人間の知恵や工夫などから生まれるたくさんの知的財産が存在していることに気付かせ，その内容を理解させる。具体的な題材としてパーソナルコンピュータを構成するハードウェアやソフトウェアがどのような知的財産権に関係しているかを題材として取り上げ学習することにより，様々な知的財産権が存在することへの理解を深めさせる。さらに，それらが法律によって保護されることにより我々の生活や文化が伸長してきたことへの理解を深め，権利保護の意識を持つことの大切さを理解させる。

- psd（Photoshop形式）とjpg（JPEG形式）の違いに注意させる。
- jpgは「Web用に保存」で保存する。このとき，圧縮による画像の劣化とファイルサイズの関係に注目させる。
- bmp,gif,pngなど他のファイル形式についても軽く触れる。

（3）展開2（第2時）「作ってみよう！」

【生徒の学習活動】
- 演習用の素材を元に何を作るか考え「不思議な写真」を作る。

【指導上の留意点】
- 今回学んだレイヤーの機能や文字を使うように指示する。

（4）まとめ「何ができた？」

【生徒の学習活動】
- 数人の班に分かれ，自分の作品の工夫したところや苦労したところなどを発表する。
- それぞれの作品の良いところや改良点などについて，感想用紙に書き，話し合う。

【指導上の留意点】
- なるべく良いところ探し，作品をけなすことにならないように注意させる。また，気になるところがあれば，それをどう改良すればよいかを考えさせる。

図3　作品例

① 知的財産権の関連図を作成する。（模範解答を板書する。）

知的所有権	知的創造物	発明	特許法
		考案	実用新案法
		デザイン	意匠法
		営業秘密	不正競争防止法
		半導体集積回路	回路配置権
		著作物	著作権法
	営業上の標識	商号	商法
		商標	商標法
		未登録（周知）商標	不正競争防止法

② 下図により知的財産権が身近なものであることを認識させる。
③ もし知的財産権が法律で保証されなかった場合の意見を発表させる。
　私たちの生活や文化の進展はこのような法律を守ることによって築かれていることを改めて認識させる。

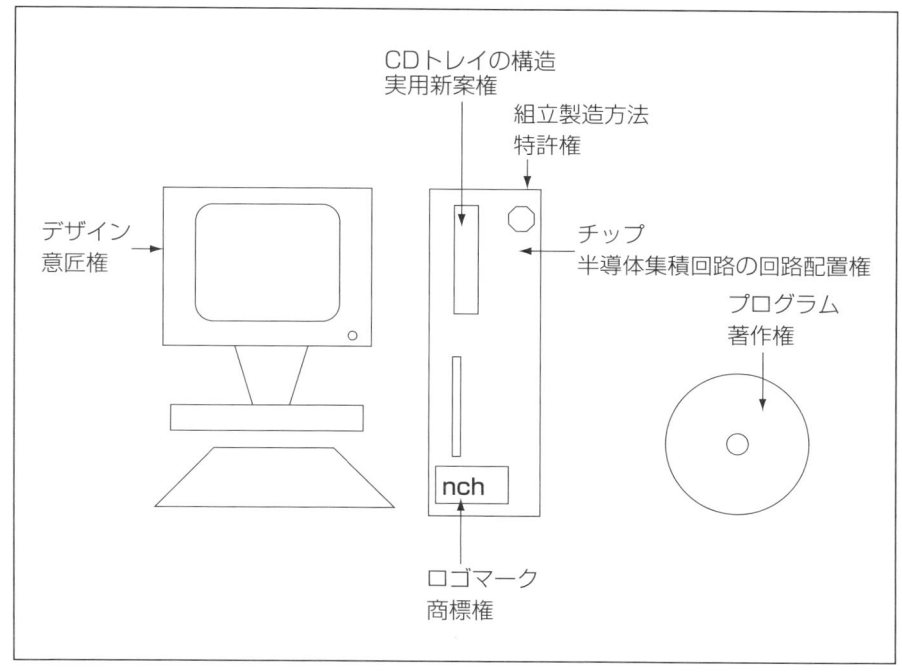

図1　身近なものの知的財産権

（図中ラベル）
- デザイン　意匠権
- CDトレイの構造　実用新案権
- 組立製造方法　特許権
- チップ　半導体集積回路の回路配置権
- プログラム　著作権
- ロゴマーク　商標権

2　®マークってなに？

2．インターネットで商標を集めてみよう（1時間）

① Webにより商標を検索
　Webを検索することにより，商標は身近なものであることおよびそれ自体で大きな意味合いを表現するものであることを理解させる。
② 検索した商標をコピーし，ワープロソフトに貼付（20個程度）
　Webで検索した商標をコピーアンドペーストさせることにより，ホームページ上の商標の位置づけや意味を理解する。
※職種や業種にこだわらず広範囲な種類の商標を収集させる。
③ 収集した商標を，下記のように分類させる。

> 文字商標…文字のみからなる商標
> 図形商標…写実的なものから図案化したもの，幾何学的模様等の図形のみから構成される商標
> 記号商標…暖簾（のれん）記号，文字を輪郭で囲んだもの，モノグラム化した記号や記号的な紋章
> 立体商標…商標を立体化したもの
> 結合商標…異なる意味を持つ文字，記号，図形を2つ以上組み合わせたもの

※検索できなかった上記に該当する商標を再度検索させるよう配慮する。
④ ®マークの付いた商標とTMマークの付いた商標の意味は？

> 【解答】「マルR」の表示は，その商標が登録商標である旨の表示として慣用されている。法令上は，その商標が登録商標である旨の表示を付するように努めなければならないとあり，その表示は「登録商標第00000号」のように表示するとしている。なお，「R」は「registered」（登録された）の頭文字。また，登録商標でないもの（例えば，商標登録出願中のもの）には，「TM」の表示を付しているものもある。「マルR」，「TM」いずれにしても，特許庁がそれらを付するように定めているものではない。

※他にも「マルC」マークがあることを投げかけ，著作権の授業をするときの動機付けにすると同時に，自分の著作物には著作権が存在し，著作者を表すときに「マルC」マークを使用することにも簡単に触れておく。

3．画像処理ソフトウェアの使い方（1時間）

　実習の時間を十分に確保することが難しいため，また，別テキストを購入することが難しいため，Web上のソフトウェア説明HPを利用することにより，授業時間以外でも自習学習を行うことにより，より多くの画像処理の技法をマスターできるよう配慮する。なお，ここでは文字商標の作品作成を前提として指導を行う。
＜G-TripによるPhotoshop elementsの使い方学習＞
(http://g-trip.pobox.ne.jp/)
① レイヤースタイルを使って簡単！お手軽ロゴ作り
② GIFアニメーション（光る文字）
③ 文字列を変形させてみよう（ワープロテキストの作品例）
④ メタリック文字2（シンプルなゴールド）
⑤ メタリック文字2（カラーグラデーションメタル）
⑥ エッジつきグラデーション文字

図2　作品例

※次の時間にオリジナルロゴマークを作成するので事前にデザイン・作品コンセプト等準備してくるように指示する。

4．自分のロゴマークの作成（1時間）―文字商標の作成―

　前時に学習した技法を用い自分自身を表現する文字商標を作成する。目標としては，技術にあまりこだわらず自由に自己を表現する商標を作成するように指導する。

参考文献
・社団法人発明協会「工業所有権標準テキスト」
・G-Trip（http://g-trip.pobox.ne.jp/）

3 インタラクティブなWebページを作成しよう！

実習番号	MM-3
具体的で正確な表現	インタラクティブな Web ページの作成とディスプレイにおける色の表現方法理解
必要な設備・環境	パソコン（イントラネットによるホームページの発信）／インターネットに接続している LAN 接続環境が望ましい。
使用するソフトウエア	エディタ（メモ帳），ブラウザ（IE），画像処理（Microsoft Photo Editor），ftp（FFFTP）
単元	情報 A　情報の効果的な活用
配分時間	最小 3 時間～最大 5 時間
その他	情報 B における RGB の概念を理解させることもあわせて実習を行う。

Webページの作成とディスプレイにおける色の表現

指導計画	導入	・インターネットで公開されているホームページがどのように作成されているかを説明する。あわせて HTML についての簡単な説明も行う。 ・ホームページをインターネットで公開するためにはどのような操作が必要であるかを説明する。この時，校内の LAN の中に WWW サーバが立ち上がっていることが望ましい。その場合は教師が実際にイントラネットの中でのホームページの公開をおこなって見せる。 ・カラー画像のディジタル化についての解説を行い，ディスプレイ上で色を指定する仕組みを理解させる。このとき，RGB 表現における 16 進数表現などについての理解を確認する。 ・実習で使用するページをインタラクティブに体験することでホームページで色を操作することに興味を持たせる。
	展開（1）	・HTML についての簡単な説明を行う。 ・Web 作成用ソフトウェアまたはワープロの Web 作成機能を利用して簡単な Web ページを作成させる。 ・作成したページのソースを見て，HTML についての理解を深める。 ・エディタを用いてソースを変更して自分でページを作成する体験を行う。

展開（2）		・JAVAScriptの簡単な説明を行う。この際,プログラミングにおける作法もあわせて理解させる。 ・すでに記述されているスクリプトを自分の目的に合わせて変更することで，言語全てを理解していなくても必要な部分だけの理解でもプログラムは作成できることを体験させる。 ・公開されているJAVAScriptを作成するためのページを参考に生徒自らにWebページを作成させる。
整理		・自分が行った実習の経過をWordの文章としてまとめ，レポートして提出させる。 ・このとき，画面のコピーをWordの文章に貼り付けるなどディジタル文章を作成する際の簡単なテクニックも習得させる。
情報発信		・イントラネットで作成したページを発信して，相互評価を行う。

1．導入

　学校にインターネットが導入され生徒達が様々な情報をホームページから得ることが出来るようになったが，自分のホームページを持っている生徒は，まだ少ないと言える。Webページの作成の実習で重要なことは，生徒達が情報を発信することの面白さを実感することである。

　Webページ作成ソフトやワープロのWebページ作成機能を利用した簡単なページを作成し校内のイントラネットにアップしてどのマシンからも自分の作ったものがブラウザで表示できることを体験することは極めて効果的である。しかしながら，まだ細かい設定やインタラクティブなページの作成にはHTML（Hyper Text Mark-up Language）の知識が必要であること実感するためにページの文字色と背景をインタラクティブに変更できるページを準備する。

図1　RGBの設定ページ

　図1のようなページで実際に文字色と背景の変化を体験することで，ディスプレイ上の色の構成に興味をいだかせることが重要である。また，その動きがHTMLとJAVAScriptによって記述されていることを理解させることが大切である。
　次に，RGBの内容の理解に必要な基本的な知識として，16進数の解説を行う必要がある。その後，2進数との関係を説明しページの操作方法の理解を徹底する。RGBの概念の説明は実際，数値と色との関係をページで確認しながら行うことが望ましい。また，ハードウェアの基礎的知識としてディスプレイの解像度について簡単な解説を行うとよい。例えば，次のような解説は，パソコンのパンフレットに書いてある数字などを見せながら行うと効果的である。

> 「過去は解像度は 640 × 480 が一般的であったが，Windows になってからはもっと高解像度のものを選択できるようになってきている。この解像度とはディスプレイの画面の点の集まりのことで，640 × 480 であれば縦 480 ドット，横 640 ドットで全部で 307200 個の点によって画面が作られている。この 1 点 1 点に色を指定するためにメモリーを割り当てる。
>
> 　例えば，この 1 点に 1 バイトのメモリを割り当てると，1 バイトは 8 ビットより 2 の 8 乗 = 256 色の色が指定できる。このメモリをグラフィックメモリと呼び，640 × 480 の大きさの画面に 256 色の色を指定する為には 640 × 480 × 1 バイト = 約 300 キロバイトのグラフィックメモリが必要になる。1 点に割り当てるメモリを増やすとより多くの色が指定できるようになる。最近では 1 点に 3 バイト割り当て 2 の 24 乗 = 16777216 色指定できるものが多くなってきているが，このときには 640 × 480 × 3 バイト = 約 900 キロバイトのグラフィックメモリが必要となる。
>
> 　現在では解像度は XGA が 1024 × 768，SXAG が 1280 × 1024 というように精度が上がってきており，それに伴い，グラフィックメモリも大量に必要となってきている。」

2．展開（1）

　Web ページ作成ソフトやワープロの Web ページ作成機能が充実してきている中で，簡単なページの作成であれば必ずしも Web ページ作成の基本である HTML を学ぶ必然は無くなってきたと言えるかもしれない。まずは自分でページを作成し，それを公開するための手法を知ることから始めることが大切である。

　例えば，図 2 に示す文章を Word で作成して保存のときに HTML 形式を選べば保存されたファイルは自動的に HTML で書かれたテキストファイルになっている。これをエディタで読み込めば次のようなソースが表示される。

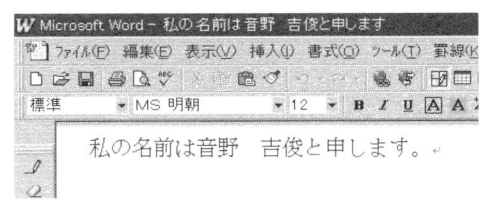

図 2　テキストの表示

3　インタラクティブな Web ページを作成しよう！

```
<HTML>
<HEAD>
<META HTTP-EQUIV="Content-Type" CONTENT="text/html; charset=x-sjis">
<META NAME="Generator" CONTENT="Microsoft Word 97">
<TITLE>私の名前は音野　吉俊と申します</TITLE>
</HEAD>
<BODY>

<FONT FACE="MS 明朝" LANG="JA" SIZE=3><P ALIGN="JUSTIFY">私の名前は音野　吉俊と申します。</P></FONT></BODY>
</HTML>
```

これを，次のようにページとして必要な部分を残して編集したものをブラウザで表示してみて，その差を比べることはWebページ作成の導入として効果的である。

```
<HTML>
<HEAD>
<TITLE>私の名前は音野　吉俊と申します</TITLE>
</HEAD>
<BODY>
私の名前は音野　吉俊と申します。
</BODY>
</HTML>
```

　HTMLのタグは，このようにページ作成用のツールを用いれば自動的に多くのものが挿入されるので生徒にはすべてを覚える必要がないことを強調すると良いだろう。特にWebページ作成用のソフトウェアを使用すれば現在生徒達がインターネットで閲覧しているページの多くで見ることができる，画像の表示やハイパーリンクなどはHTMLの知識が全く無くても作成することが可能である。

　図3のようなページであればWordだけで，わずかな時間で作成することが出来る。

　このように，生徒達にWebページの作成が難しいものでは無いことを実感させた後，どのような内容をどのような形で発信したいのかを考えさせ，ページの構成とデザインの設計をしっかりすることがWebページの作成では重要であることを強調しなければならない。

図3　画像の表示

3. 展開（2）

　Webページ作成の支援環境が充実しつつあるが，その基本であるHTMLを学習することは情報の科学的な理解を深める上で意義あることである。支援環境では実現が困難であるような教材を示すことで，生徒達が積極的にHTMLを学習しようとする必然を感じさせることが重要と思われる。ここでは，ページ上にボタンやチェックボックスなどのオブジェクトを設置し，それをクリックすることにより画面の色が変化する仕組みを理解することでページのソースをエディタで直接操作することの意味付けを行うことにする。

　まず，簡単な静的なページのソースを作成してエディタに読み込ませたウィンドウと，そのページを表示したブラウザのウィンドウを画面に並べて表示させる。

```
<HTML>
            <HEAD><TITLE>RGBの設定</TITLE></HEAD>
<BODY>
<FONT FACE="CHICAGO,Arial" SIZE="6" COLOR="#FF6666">
RGBの設定
</FONT>
<B><FONT SIZE="2">
Yoshitoshi Otono
</FONT></B>
</BODY>
</HTML>
```

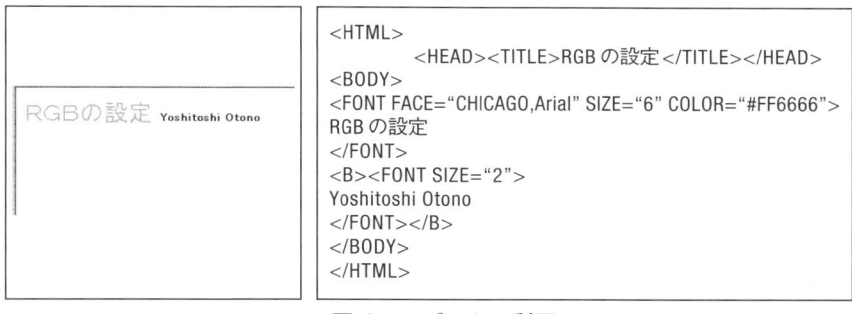

図4　エディタの利用

　そして，エディタでソースを編集する場所を指定し，上書き保存した後ブラウザの更新ボタンで変更した内容が反映されているかを確認させるとよい。例えば，「Yoshitoshi Otono」の部分を自分の名前に書き換えさせる。

　このあとHTMLのタグについての簡単な説明を行い，詳しい解説はインターネット上に数多く存在することを紹介するとよい。ここでは言語の学習が目的ではないのでソースの編集とその表示の方法をしっかり理解させればよい。あとは生徒自らネット上の解説をみながらソースの変更を行えるほうが望ましいと思われる。

　次に，ページにボタンなどを設定し動的なページを作成するためには，HTMLのタグだけでは不可能であり,そのために現在いくつかの方法が開発されているが，一番手軽に実現できる言語として，JAVAScriptを使用することを説明する。

JAVAScriptを使用した簡単なページの例として，図4のページにボタンを一つ設置したページを示し，そのボタンをクリックするとページの背景色が変化することを体験させ，あわせてそのソースについて説明する。

```
<HTML>
          <HEAD><TITLE>RGB の設定</TITLE></HEAD>

<BODY>
<FONT FACE="CHICAGO,Arial" SIZE="6" COLOR="#FF6666">
RGB の設定
</FONT>
<B><FONT SIZE="2">
Yoshitoshi Otono
</FONT></B>

<!-- ボタンの設置 -->
<FORM METHOD="POST" NAME="a">
背景色の変更<br><br><br>
<input type="button" value="背景色1" onClick="bgchange
( )">
   <br><br>
</FORM>

<!-- JAVAScprint の開始 -->
<SCRIPT  LANGUAGE="JavaScript"><!-- Hide from old
browsers
function bgchange ( ) {
                     document.bgColor ="#00F0F0";
}
// Stop hiding from old browsers -->
</SCRIPT>

</BODY>
</HTML>
```

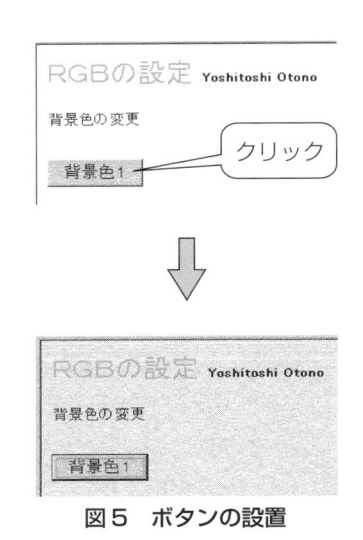

図5　ボタンの設置

　まず，上記のソースをエディタとブラウザに表示させ，「背景色1」というボタンをクリックするとブラウザの背景色が変化することを確認させる。その後図1で示したページを利用しながら背景色を自分の好みの色に変えることを実習する。

document.bgColor ="#00F0F0";

の16進数で書かれた部分で色の指定が行われている。この部分をエディタで編集するように指示するとよい。図1のページで利用する部分は図6である。チェックボックスをオンにすることで2進数の各桁のビットが1になるようになっている。RGBの設定で色がどのように変化するかを体験しながらソースの変更を行うとよいだろう。

色	2進数								16進数	10進数
赤	☐	☐	☐	☐	☑	☐	☐	☐	#08	8
緑	☐	☑	☐	☐	☐	☑	☐	☐	#44	68
青	☑	☐	☐	☑	☐	☐	☐	☐	#90	144
RRGGBB	100001000100100010000								#084490	541840

図6　RGBの確認

ボタンが一つでは背景色の変化が一度だけになってしまうので，ソースを次のように変更して，ボタンを二つにすれば一層ページが動的なものとなる．

```
<FORM METHOD="POST" NAME="a">
背景色の変更<br><br><br>
<input type="button" value="背景色1" onClick="bgchange1 () ">
<input type="button" value="背景色2" onClick="bgchange2 () ">
</FORM>
<SCRIPT LANGUAGE="JavaScript"><!-- Hide from old browsers
function bgchange1 () {
                    document.bgColor ="#00F0F0";
}
function bgchange2 () {
                    document.bgColor ="#F0F0F0";
}
// Stop hiding from old browsers -->
</SCRIPT>
```

図7　2つのボタン

最後にオブジェクトの種類をボタンからチェックボックスに変更する．この編集も

<FORM METHOD="POST" NAME="a">　・・・・・・・・　</FORM>

と

<SCRIPT LANGUAGE="JavaScript">　・・・・・・・・　</SCRIPT>

の両方の変更が必要である．

```
<HTML>
          <HEAD><TITLE>RGBの設定</TITLE></HEAD>
<BODY>
<FONT FACE="CHICAGO,Arial" SIZE="6" COLOR="#FF6666">
RGBの設定
</FONT>
<B><FONT SIZE="2">
Yoshitoshi Otono
</FONT></B>
<SCRIPT LANGUAGE="JavaScript"><!-- Hide from old browsers
```

図8　チェックボックス

3　インタラクティブなWebページを作成しよう！

```
function bitcolorchange () {
        if （document.a.red[0].checked==true) {
                    document.bgColor ="#00F0F0";
        }else{
                    document.bgColor ="#0000F0";
        }
        if (document.a.red[1].checked==true) {
                    document.fgColor ="#000000";
        }else{
                    document.fgColor ="#00FFFF";
        }
}
// Stop hiding from old browsers -->
</SCRIPT>
<FORM METHOD="POST" NAME="a">
背景　文字色<br>
<input type="checkbox" name="red" value="1" onClick="bitcolorchange () ">

<input type="checkbox" name="red" value="1" onClick="bitcolorchange () ">
</FORM>
</BODY>
</HTML>
```

　この変更では，背景色だけでなく文字色も変化するようにしてある。このようにJAVAScriptを用いたページ作成に必要なテクニックを体験することは他のプログラミングの学習にも役立つことが多い。プログラムを初めて学習する生徒にとっては身近なWebページに自分のソースが反映されるので取り組み易い教材と言えるかもしれない。

4．整理

　実習したことを，ドキュメントして整理することの重要性を教える。特にプログラムのソースに対するコメントはあとで参照するときに不可欠であるから，その記入方法も含めて指導することが望ましい。また，GUIを使用したプログラムであるため画面コピーの文章内への貼り付け方法など，Windowsにおける基本的な文章作成に必要なリテラシーを育成する。

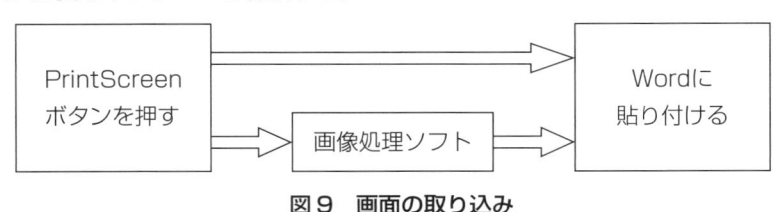

図9　画面の取り込み

5．情報発信

　イントラネットでWWWサーバが起ち上がっていれば，作成したページのアップロードの方法も含めて情報発信を行うにはどのような方法があるのかを体験させる。実際は生徒達がホームページを公開しようとする環境によって，その方法は少しずつ異なると思われるが，基本となる操作が，管理者が決めたフォルダに作成したページをコピーすればよいことを経験させることは，Webページ作成の実習では是非取り入れたい内容の一つである。コマンドベースでのftpソフトの使い方の指導が困難であれば，ネット上に公開されているフリーソフトを利用するとよい。WWWサーバが立ち上がっていなければ共有ファイルとしてネット上でページを共有させることで情報発信を体験させる。このとき，両者の違いについて言及しておくことは重要である。

　最後に，公開した自分たちのページを見て，そのデザインや構成はもちろんのこと情報モラルに関しても生徒達が相互に意見を出し合い，よりよいWebページを作成するために何が大切かを考えさせる場を提供すると良いだろう。

参考文献

・文部省「高等学校学習指導要領解説　情報編」開隆堂出版，2000
・文部省「新教科「情報」現職教員等講習会　テキスト（2）」文部省，2000
・笠木望・太田晶宏・藤崎真美「新・HTML&CGI　入門」エーアイ出版1996
・アンク「JavaScript辞典」翔泳社，2001

4 コマーシャルを作ろう！

実習番号	MM－4
具体的で正確な表現	コンピュータによる情報の統合
必要な設備・環境	パソコン,キャプチャボード（Canopus EZDV Ⅱ） ディジタルビデオカメラ（以下，DVカメラ）
使用するソフトウエア	動画像編集ソフト（商品名：Ez Edit）
単元	情報A（3）ア
目標	動画の仕組みを理解し，コンピュータで取り扱うことができる。作品として効果的に表現することができる。
配分時間	5時間
実習をするために必要な予備知識やスキル	基本的なファイルの管理の仕方 静止画像や音声ファイルの取り扱い方法
実習までに準備するもの	演習用のサンプルとしての動画・静止画像・音声などのファイル

1. 動画編集について

　DVカメラで撮影した動画にディジタルカメラで撮影した静止画や音声などを統合し，一つの作品として完成させる。その流れは以下の通りである（**図1**）。

```
【動画編集の流れ】
  1. DVカメラでの撮影
  2. 取り込み
  3. 編集
     （ア）クリップの入れ替え・トリミングなど
     （イ）トランジション（画面切り替え）
     （ウ）タイトル文字の挿入
     （エ）静止画像の挿入
     （オ）音声の挿入
  4. 出力
```

図1　動画編集の流れ

2．実習の流れ

今回の実習では4人で1班とする。それぞれの班で1つずつ，30秒から1分程度の作品を完成させる。

(1) 導入（第1時）
「動画編集とは」
【生徒の学習活動】
・動画編集によってできることを知る。
・動画編集の流れを理解する。
・動画編集ソフトの基本操作を知る（図2）。
　① クリップの張り付け・入れ替え・トリミング
　　［トリミングとは，必要な部分だけ切り抜くこと。］
　② トランジション
　　［トランジションとは，画面切り替え効果のこと。］
　③ タイトル文字の挿入
　④ 静止画像の挿入
　⑤ 音声の挿入
　⑥ 出力（mpgファイル）

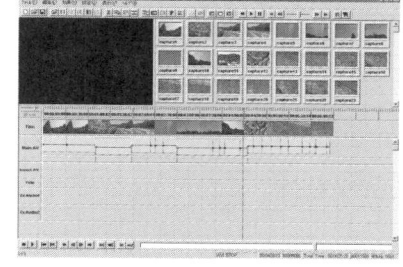

図2　画面の例

【指導上の留意点】
　プラン作りや撮影までに，動画編集の中身と操作について理解させる。これにより，作品作りがスムーズに流れることになる。
・作例を見せることにより，動画編集によってどのようなことができるのかを理解させる。
・動画編集の流れを示し，その概要を理解させる。
・ソフトの基本操作を説明する。このとき，生徒が実際にソフトを利用して編集できるよう，事前に演習用のサンプルとして動画・静止画像・音声などのファイルを用意しておく。
・生徒は画面切り替えの複雑なものを多用しがちであるが，シンプルなものも効果的であることに気づかせる。

- 動画編集は，パソコンにかなりの負担がかかり不安定になることが多いので，一つの作業を終えればすぐに保存するように指導する。
- タイトルやトランジションは，レンダリングをしないと，動画プレビューで見ることができないことを注意するように説明する。
  ［レンダリングとは，タイトル等の効果を合成し，画面に表示させるための計算のこと。］
- 出力は，MPEG-1形式の「ビデオCD」の規定値を選択する（図3）。

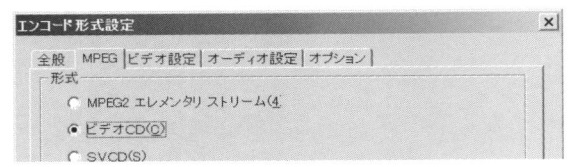

図3　エンコードの設定

(2) 展開（第2時～第4時）

「作品づくり」

① プラン

【生徒の学習活動】
- コンセプト（テーマ・目的・対象・内容・効果など）を決定する。
- プラン（日程・役割分担など）を作る。

【指導上の留意点】
- 班ごとに，作品のコンセプトを決定させ，プランを作成させる。
- ここでの計画によって，作品の完成度が大きく変わってくることに注意する。
- コンピュータを使わず，紙の上で計画を立てさせる。
- 各班の計画に無理がないかなどをチェックし，個別に指導する。

② 撮影

【生徒の学習活動】
- プランに従って，必要な動画クリップを撮影する。

【指導上の留意点】
- DVカメラの取り扱いに気を付けるように指導する。
- 今回の実習では，30秒から1分程度の作品を完成させる。したがって，数秒から数十秒のクリップを幾つか撮影するように指示する。

・撮影する動画が長時間になればなる程，取り込む前，取り込み，編集などの時間も長くなることに注意させる。
・前後に2・3秒ほど余裕をもって撮影しておくと，画面切り替えのときに繋ぎやすいことを説明する。
・テープの初めの10秒程は取り込めない場合があることを説明する。
・連続して撮るとタイムコードが乱れないので，できる限り巻き戻しをしないように指示する。[1秒間に30枚の静止画を順に表示することによって動画として見える。その1枚の静止画のことをフレームという。タイムコードとは，テープの最初からの経過時間を"00（時）:00（分）:00（秒）;00（フレーム）"の形で表したもの。]

③ 取り込み

【生徒の学習活動】
・動画をDVカメラからパソコンに，AVIファイルとして取り込む。

【指導上の留意点】
・必要なシーンだけを取り込ませる。

④ 編集と出力

【生徒の学習活動】
・撮影した動画素材を編集し，ファイルに出力する。

【指導上の留意点】
・各班の進度に目を配りながら，時間配分に気を付けさせる。特に，必要な部分または効果的な部分に時間をかけ，そうでない部分にはあまり時間をかけすぎないように進めさせる。

(3) まとめ（第5時）

「作品発表」

【生徒の学習活動】
・自分の班の作品の工夫したところや苦労したところなどを発表する。
・それぞれの作品の良かったところや，改良すると良い点などについて話し合う。

【指導上の留意点】
・なるべく良いところ探し，作品をけなすことにならないように注意させる。また，気になるところがあれば，それをどう改良すればよいかを考えさせる。

4 コマーシャルを作ろう！

5　CMをつくろう！

実習番号	MM−5
具体的で正確な表現	情報機器を活用した表現方法 コンピュータによる情報の統合
必要な設備・環境	ディジタルビデオカメラ，液晶プロジェクタ，スクリーン，
使用するソフトウエア	ビデオ編集ソフト（商品名：Canopus DVRaptor）
単元	情報C（1）ウ
目標	情報機器を活用して，伝えたい内容を分かりやすく表現する方法を体験的に理解させる。
配分時間	導入0.5時間，展開① 3時間，展開② 4時間 まとめ1時間
実習をするために必要な予備知識やスキル	ビデオ編集の経験があればよいが，必ずしも必要ではない。
学習形態	4,5人程度のグループ

1. 学習の流れ

	学習活動	指導上の留意点
導入	作品例をみる。 ・学習課題をつかむ。 ・完成した作品のイメージをつかむ。	・事前に，例示用の作品を作成しておく。イメージがつかめる程度のものでよい。
展開①	ビデオ編集（DVRaptor（特にRaptorEdit））の基本操作について実習する。 ・ビンウィンドウへのクリップの追加 ・タイムラインへの追加 ・不要な部分の削除 ・フェードイン，フェードアウトの設定 ・トランジションの設定 ・静止画の挿入 ・タイトル文字の挿入	・実習用の素材AVIファイルを3～4用意し，左の内容を説明し実習させる。説明については，ソフトに付属の「RaptorEditユーザーズマニュアル」を利用しても良いが，事前に簡単なマニュアルを作成しておくと実習がスムーズに進む。

展開①	・音声の追加 ・レンダリング ・エンコードなど ・著作権・肖像権について	・キャプチャについては，生徒がビデオ撮影をした後説明する。 ・5を参照。
展開②	動画作品の作成 ・各自でテーマを設定し，構想を考え企画書に書く。 ・各グループで，各自の企画書の中から1つ決める。 ・各グループで決定した企画書の構想を練り直し，活動計画，役割分担を決める。 ・ディジタルビデオカメラの取り扱い方法を知る。 ・ディジタルビデオカメラで撮影を行う。 ・ディジタルビデオカメラからコンピュータへキャプチャを行う。 ・編集し動画作品を作成する。 ・エンコードする前に，グループ内の全員で確認する。 ・エンコードを行う。	・テーマ設定については，下記「テーマ設定について」を参照。 ・グループ活動については，次頁「グループ活動について」を参照。 ・撮影時の注意点として，特に最初の10秒間ほどは，キャプチャできない場合があるので，空撮りさせる。
まとめ	・各グループの紹介担当が，簡単な説明を行った後，作品を上映する。 ・評価シート等を用い相互評価を行う。	・評価の観点として，「理解できた」「説得力がある」「発想の斬新さ」「インパクトがある」などが考えられる。

2．テーマ設定について

　「CMをつくろう！」と題し，文房具などの自分の持ち物，飲食物など身近な素材を使い20〜30秒程度の長さのCMを作成する。短い時間の中に起承転結というドラマの要素を取り入れ，伝えたい内容が効果的に表現できているか。また発想の斬新さ，見るものにインパクトを与えるものであるか，といったところに重点をおく。

3. ビデオ編集について

　最近では，小型軽量でディジタル記録のできるディジタルビデオカメラの普及により，コンピュータをつかってビデオ編集をする「ノンリニアビデオ編集」が身近なものとなってきている。実習では，Canopus DVRaptor，特に編集はRaptorEditを使用した。実習中に編集画面や編集操作が，視覚的にわかりやすいと好評で，全くの初心者でも3時間ほどの実習で，編集ができるようになった。また，1フレームごとといった詳細な編集にも対応している。

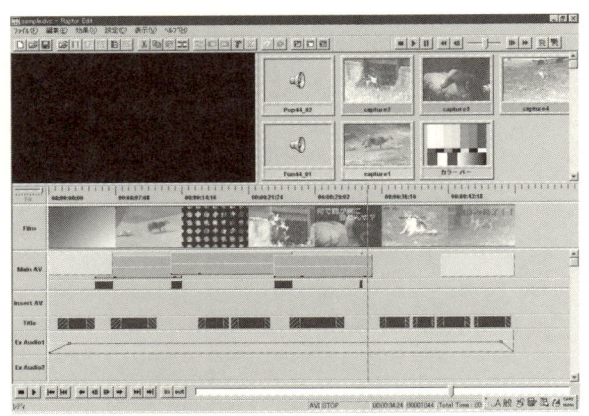

図1　RaptorEditでの編集画面

4. グループ活動について

　テーマを設定し，構想を考え企画書に書くところまでは各自で行わせ，企画書の中からグループで1つを決める。その後の役割分担としては，プロデューサ，出演者，撮影担当，編集担当などが考えられる。

5. 著作権，肖像権について

　ディジタルカメラで撮影した映像の著作権は撮影者が持っているので問題はないが，BGMに使用する楽曲や効果音を，市販の音楽CDなどから取り込む場合は，

私的使用のための複製を除いて，著作権者の許諾を得ず使用すると著作権の問題が生じてくる。そこで，著作権を気にすることなく使用できるフリー素材集というものがある。ビデオ編集を始めると，その映像に合ったBGMを利用してみたくなることが少なくない。また，同じ映像でもBGMが違えば，映像から伝わってくる印象も変わってくることがある。フリー素材集を揃えておく，もしくは，最近Web上で音楽系素材をフリーで提供しているサイトもあるので，使用について，問いあわせてみるとよい。

　また，「ディジタルカメラで撮影した映像の著作権は撮影者が持っているので問題はない」と述べたが，厳密にいえば，自分で撮影した映像であっても，そこに人物が映っていれば，その人の「人格権」としての「肖像権」というものがある。今回の実習では，出演者の了解が得られているものと考えられるが，後日，インターネット上にアップロードするなど映像を公開するときには，出演者の了解を得る必要がある。

6．その他

　CMの他に，時間的にもう少し長く3分前後の作品を作成させることも考えられる。例えば，学校紹介，部活動紹介やクラスメートのプロモーションビデオなどをテーマに取り組ませることが考えられる。

参考文献

・水城田志郎，櫻井雅裕「パソコンで楽しむ　デジタルビデオ編集入門」，技術評論社，平成12年8月18日．
・「RaptorEditユーザーズマニュアル」，カノープス株式会社，1999年7月．

6　コーヒーの温度情報をディジタル化しよう

実習番号	MM－6
実習内容	情報のディジタル化
必要な設備・環境	熱いコーヒーの入ったポット，コーヒーカップ，かき混ぜ棒，棒温度計
使用するソフトウエア	表計算ソフトウェア
単元	情報B（2）ア
目標	アナログ情報がディジタル情報に変わっていく過程を，身の回りの物理現象を通して理解する。
配分時間	2時間
実習をするために必要な予備知識やスキル	2進数についての知識があるとスムーズに進む。

1．アナログとディジタル

(1)「アナログ」と「ディジタル」について次のように簡単に定義する。
　　アナログ情報　…………連続した値による情報
　　ディジタル情報…………不連続な値による情報
(2) 次の情報は「アナログ」か「ディジタル」かを考えさせる。

・時計の時刻表示………………………製品によりアナログ・ディジタルの両方
・音楽の楽譜（ドレミファソラシド）……ディジタル
・体温計の温度表示…………………製品によりアナログ・ディジタルの両方
・風の強さの変化………………………アナログ
・一日の気温の変化……………………アナログ
・携帯電話の電波………………………ディジタル
・自転車の速度の変化…………………アナログ
・サッカーや野球などの得点………ディジタル

2．標本化と量子化

> ここに熱いコーヒーがあります。氷をいれてアイスコーヒーを作りたいと思います。コーヒーの温度はどのように変化するでしょうか。

(1) 予想をする

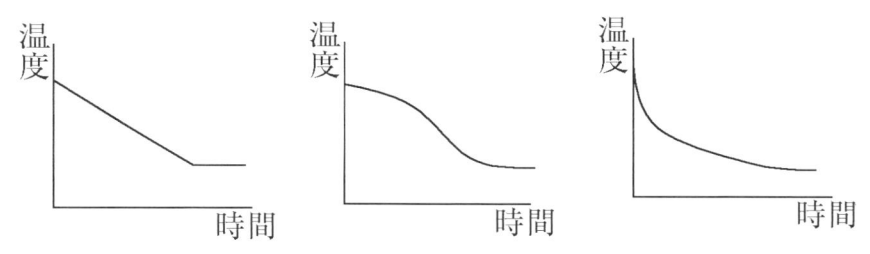

図1　経過時間とコーヒーの温度との関係

★ 結果を予想することは，単なる動機付けである。情報科としては，連続して変化するアナログデータとしてのコーヒーの温度を，生徒が一定間隔で標本化し，量子化をしていくというディジタル情報への変換を理解させることがねらいである。

(2) 実験をする

① 用意しておくもの
　熱いコーヒー，氷，かき混ぜ棒，棒温度計，時計

② 一定時間ごとに標本化
　4人の生徒を選び実験をしてもらう。自由にやらせてよいが，次のような役割で実験を行うとスムーズに進む。
　　生徒A　温度計の目盛を読み取る
　　生徒B　コーヒーに氷を入れ，かき混ぜ続ける
　　生徒C　時計で一定時間ごとに合図する
　　生徒D　黒板に記録をする

6　コーヒーの温度情報をディジタル化しよう

表1　実験によって得られたデータ

氷を入れてから の経過時間	0秒	5秒	10秒	15秒	20秒	25秒	……
温度（°C）	82.2	67.4	53.0	41.8	31.3	22.5	……

③ 整数値へ量子化

　得られた温度の情報はどれくらい正確か考えさせる。「小数点以下は正確ではない」という意見が多いだろう。棒温度計では，小数点以下の数値を正確に読み取るのは困難である。そこで，どうすればよいかを考えさせる。最終的には「小数点以下は切り捨てる」「少数第1位を四捨五入する」という意見を引き出す。

表2　四捨五入後の温度

氷を入れてから の経過時間	0秒	5秒	10秒	15秒	20秒	25秒	……
温度（°C）	82	67	53	42	31	23	……

④ 予想と比較

　これらのデータを表計算ソフトに入力し，グラフを描かせる。コーヒーの温度がどのように変化しているかがわかる。理科の授業であれば，これで，結果が出たのであるが，情報科の授業ではまだ続きがある。

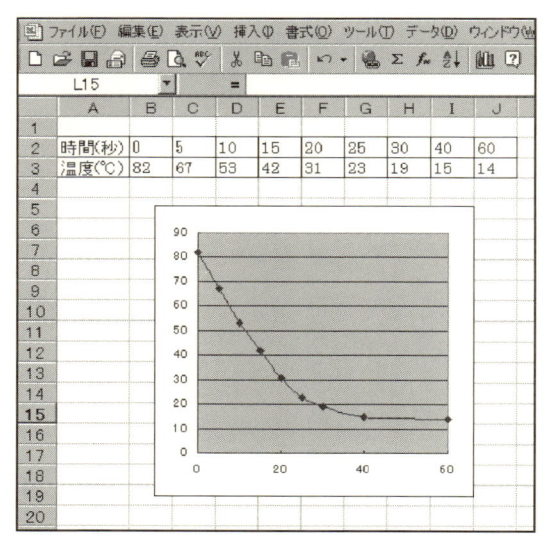

図2　Microsoft Excelで作成したグラフ

3．符号化

> コンピュータは電気製品です。そのため，コンピュータは
>   「電流が流れている　（1）」
>   「電流が流れていない（0）」
> しか理解することができません。コーヒーの温度をコンピュータが理解できる「1」と「0」に置き換えるには，どうしたらよいでしょう。

　0以上128未満の整数は，次のように二者択一を繰り返すことによって，0と1で表されることを理解させる。

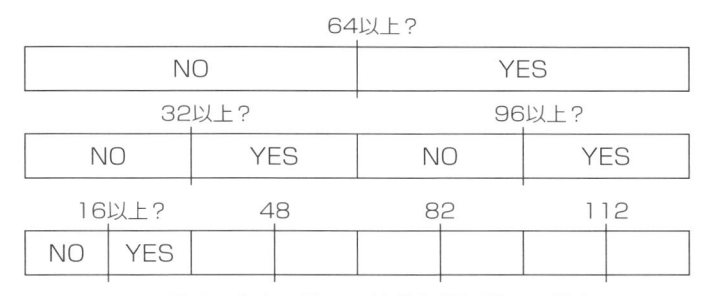

```
                    64以上？
|       NO       |       YES      |
      32以上？              96以上？
|  NO   |  YES   |  NO   |  YES   |
 16以上？  48       82       112
| NO|YES|
```

図3　中央の値で二等分を繰り返して行く

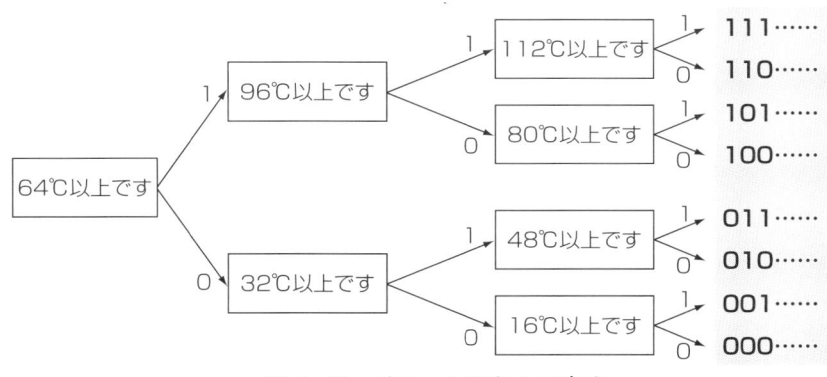

```
                              1→ 112℃以上です →1→ 111……
                              ↗                 ↘0→ 110……
              1→ 96℃以上です
            ↗                 ↘0→ 80℃以上です →1→ 101……
64℃以上です                                      ↘0→ 100……
            ↘0→ 32℃以上です →1→ 48℃以上です →1→ 011……
                              ↗                 ↘0→ 010……
                              ↘0→ 16℃以上です →1→ 001……
                                                ↘0→ 000……
```

図4　Yesを1，NOを0で表す

★　ここでは，2進数の詳しい説明は避ける。あくまでも二者択一を強調する。64，32，16，・・・・は2nであることを付け加える。

表3 最終的に得られる表

経過時間(秒)	0	5秒	10秒	15秒	20秒	25秒	……
標本化	82.2	67.4	53.0	41.8	31.3	22.5	……
量子化	82	67	53	42	31	23	……
符号化	101 ……	100 ……	011 ……	010 ……	001 ……	001 ……	……

4．まとめ

ディジタル化について，次のようにまとめる。

　　アナログ情報　→　標本化　→　量子化　→　符号化　→　ディジタル情報

5．練習

(1) 次のグラフから情報を読み取り，ディジタル情報に直せ。

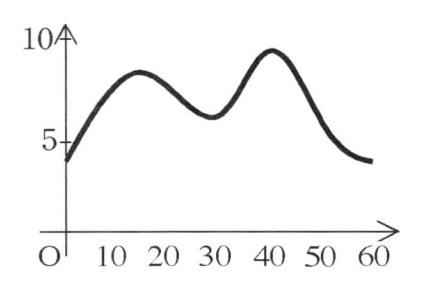

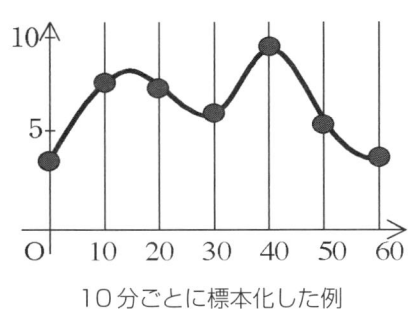

10分ごとに標本化した例

(2) 次の画像をファックスで送りたい。どのようにディジタル情報に変換すればよいか，図を参考に考えてみよう。

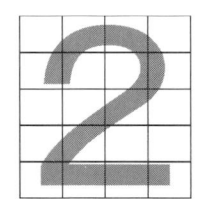

7　何回ダビングできるかな

実習番号	MM－7
実習内容	情報のディジタル化
必要な設備・環境	ビデオデッキ，ビデオテープ
使用するソフトウエア	
単元	情報B（2）ア
目標	ディジタル情報の利点について，アナログ情報との比較を通して理解する。
配分時間	1時間
実習をするために必要な予備知識やスキル	ファイルの複写ができる
その他	ビデオが準備できない場合は，カセットデッキでもよい。

1．ビデオの複写

（1）元情報の鑑賞

体育祭等の学校行事を撮影したビデオテープを1分程度鑑賞する。

★ その場で授業風景を撮影し，鑑賞してもよい。

★ コピー後の違いを比較しやすいように，風景ではなく文字の接写等も撮影しておくとよい。

（2）ビデオの複写

実験1　アナログ情報の複写

① ビデオテープ（VHSやHI-8）を別のテープに複写する。

② 複写したビデオを鑑賞し画質を記録する。

③ 複写回数が5回になるまで①②を繰り返す。

実験2　ディジタル情報の複写

短い動画ファイル（AVIやMPEG）の複写を5回繰り返し，画質を比較する。

表1　ワークシートの記録表

複写回数	VHS形式のビデオテープ	AVIファイル
1回目		
2回目		
3回目	考察を記録する	
4回目		
5回目		

2. ディジタルの利点

実験3

アナログ情報Ⓐとディジタル情報Ⓑを10人目の人に正確に伝えることができるだろうか。

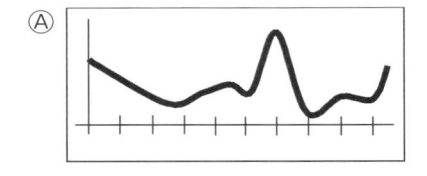

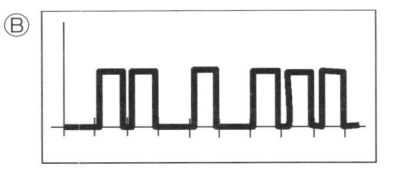

Ⓐ　　　　　　　　　　　　Ⓑ

次の手順でゲームを実践する。

① クラス全員の生徒に右図のような紙片を2枚ずつ配る。

② 10人一組とし，AとBの2種類の図を次々に伝える。

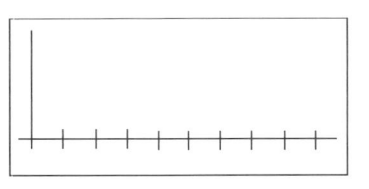

③ 最後の生徒が描いた図を最初の図と比べる。

　★ 最初と最後を比べるだけではなく，途中の生徒の図も提示するとおもしろい。

3. まとめ

アナログ情報とディジタル情報の利点と欠点をまとめる。

8　動画の基礎から始めよう！

実習番号	MM−8
実習内容	映像・動画編集
必要な設備・環境	PC（インターネット・LAN接続不要）
使用するソフトウエア	3Dアニメーションソフトウェア・映像編集ソフトウェア
単元	情報B，情報C
目標	動画を作成する
配分時間	最小20時間最大80時間
実習をするために必要な予備知識やスキル	写真撮影・ビデオカメラ撮影・3Dアニメーション
その他	

＊本項目の内容は，添付のCD-ROMに収録されています。

＜目次＞

はじめに

1　動画制作のプロセス
（1）企画
（2）ストーリー・ストーリーボード・キャラクターデザイン
（3）編集における場面転換効果（トランジションエフェクト）

2　撮影技法
（1）カメラ技法
（2）カメラアングル
（3）カメラレンズの焦点距離

3　ライティングとシェーディング
（1）光源の種類
（2）グローバル光源とローカル光源

(3) 光源とオブジェクトの位置関係
(4) 光の混色は加法混色
(5) 3Dコンピュータグラフィクスの場合のカメラポジションとライティング

4　容量
(1) 解像度
(2) 色の表現と容量
(3) 画像の容量
(4) 時間解像度

5　3Dコンピュータグラフィクスによる動画
(1) モデリング
(2) アニメーション
(3) テクスチャマッピング
(4) レンダリング
(5) 編集

4 問題解決とコンピュータ

1　コンピュータを理解し上手に使おう！

実習番号	PC－1
具体的で正確な表現	情報を処理する上で，人間が得意なこと，コンピュータが得意なことを考えてみよう。
必要な設備・環境	コンピュータ，計測用時計，スキャナ，マイク
使用するソフトウエア	表計算ソフトウェア，VBAなどプログラム作成ソフトウェア，手書き入力機能をもった日本語変換ソフトウェア，文書処理ソフトウェア，文字認識ソフトウェア，音声認識ソフトウェア
単元	情報B（1）イ
目標	コンピュータ活用の長所と短所を体験を通して理解させる。情報機器をどのように活用したら効果的かを考え，活動を通して問題解決の能力を育てる。
配分時間	4時間
実習をするために必要な予備知識やスキル	なし

1．実習のねらい

　コンピュータの適切な活用における事前知識として，コンピュータによる情報処理の長所と短所を理解させる。われわれの身の回りにある情報の種類や，それらに対する様々な処理を取り上げ，コンピュータを用いることの長所と短所について具体的に提示し，体験を通して理解させる。単に事例を知識として覚えるのではなく，人間とコンピュータの情報処理の方法を対比させる体験的な実習を取り入れた授業を組み立てる。当該事例の情報処理において，ソフトウェアが果たす役割や，コンピュータを使いこなすために必要な人間の能力に気づかせることが大切である。

2．実習の展開

実習内容1　コンピュータによる情報処理の特徴
① 処理の正確さと速さを知ろう

> 練習1　表計算ソフトウェアを使って並べ替えをしてみよう。

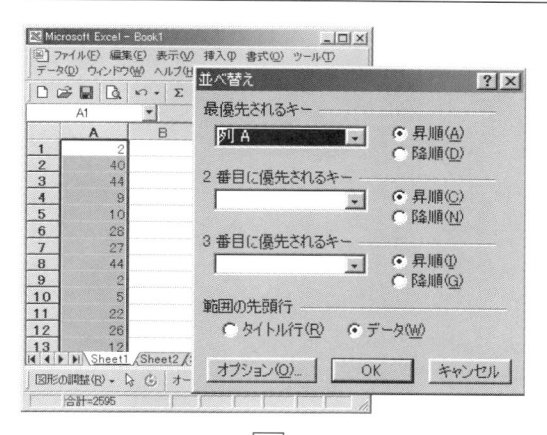

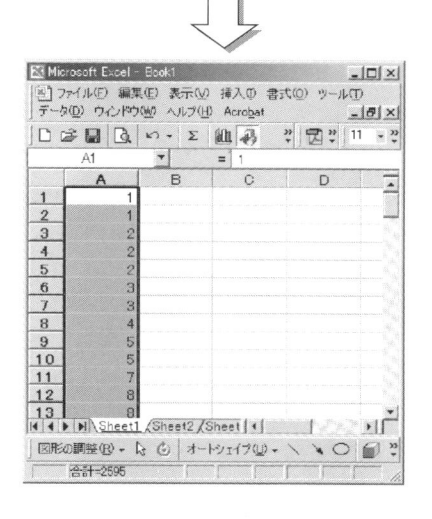

(1) **ねらい**　処理の正確さと速さを知る。

(2) **実習に必要なもの**　コンピュータ，表計算ソフトウェア

(3) **実習方法**　① 表計算ソフトウェアのシートに，ランダムに100個の数を入力する。② 小さい順に並べ替える。③ 大きい順に並べ替える。

(4) **時間配分**　15分

(5) **教師と生徒の動き**　教師が説明しながら行い，一緒に生徒も行う。その後，繰り返し生徒だけで行う。

(6) **指導上の留意点**　データの数が少ないときは，手作業で行った方が効率的な場合があることを気づかせることが重要である。

1　コンピュータを理解し上手に使おう！

練習2　プログラムを利用して，1からNまでの整数の和を求めてみよう。

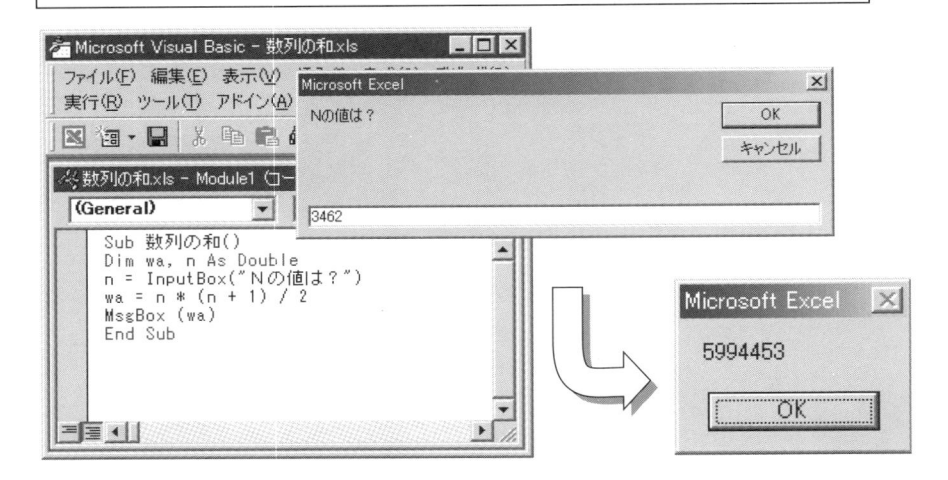

```
Sub 数列の和()
Dim wa, n As Double
n = InputBox("Nの値は?")
wa = n * (n + 1) / 2
MsgBox (wa)
End Sub
```

(1) **ねらい**　プログラムでコンピュータは動くことを知る。プログラムは繰り返し実行できることを知る。
(2) **実習に必要なもの**　コンピュータ，VBAなどプログラム作成ソフトウェア
(3) **実習方法**　① プログラムを入力する。② 実行する。
(4) **時間配分**　20分
(5) **教師と生徒の動き**　教師が操作方法を説明しながら，提示したプログラムを生徒に入力させ，その後，実行させる。
(6) **発展課題**　「簡単なプログラムを作ってみよう。」

練習3　手書き文字入力機能を利用し，あなたが書いた文字が，どのような
　　　　文字として認識されるか調べてみよう。

(1) **ねらい**　コンピュータが文字を認識する手書き入力機能の特徴を理解させる。
(2) **実習に必要なもの**　コンピュータ，ATOKやMS-IMEなどの手書き入力機能をもった日本語変換ソフトウェア
(3) **実習方法**　① 手書き入力機能を起動する。② マウスで文字を書いていく。
(4) **時間配分**　15分
(5) **教師と生徒の動き**　教師が操作方法を説明しながら，生徒に行わせる。

(6) 発展課題　「様々な文字を認識させてみよう。」

日本語変換ソフトウェア

② 入力と検索をしてみよう

> 練習4　時間を計りながら文書処理ソフトウェアで文書を入力しみよう。
> また，文字認識ソフトウェアや音声認識ソフトウェアを利用して，入力の効率や正確さをキーボードで入力した場合との違いをまとめてみよう。

(1) **ねらい**　手書きや印刷の文字情報をコンピュータに入力するときに，人がキーボードで入力する場合と文字認識ソフトウェアや音声認識ソフトウェアを用いる場合とでは，入力の効率や正確さがどのように違うかを実際に作業して比較する。

(2) **実習に必要なもの**　コンピュータ，入力する文書，書き写すための用紙，計測用時計，文書処理ソフトウェア，文字認識ソフトウェア及びスキャナなどの関連機器，音声認識ソフトウェア及びマイクなどの関連機器，まとめを記入する用紙

(3) **実習方法**　① 時間を計りながら文書を文書処理ソフトウェアで入力する。② 同様に文字認識ソフトウェアで入力する。③ 音声認識ソフトウェアで入力する。④ 違いをまとめる。

(4) **時間配分**　50分

(5) **教師と生徒の動き**　教師が生徒に指示し，生徒全員に時間を計りながら文書を文書処理ソフトウェアで入力させる。その後，文字認識ソフトウェアと音声認識ソフトウェアで入力させるが，生徒全員での作業が無理なときは，教師または代表の生徒が行うのが望ましい。

1　コンピュータを理解し上手に使おう！

(6) その他　以下書式の表にまとめさせると良い。

キーボード・文字認識ソフトウェア・音声認識ソフトウェアの違い

入力	効率	正確さ
キーボード		
文字認識ソフトウェア		
音声認識ソフトウェア		

(7) 生徒の感想例　文字が少ないときはキーボードで入力した方が速い。文字認識ソフトウェアについては，スキャナで読み込む手間がかかったりするので面倒だが，文字数が多いときは便利である。音声認識ソフトウェアは面白いが，もうすこし改良の余地があると感じた。

(8) 指導上の留意点　コンピュータを用いる方がよいかは，どのような条件のもとで処理を行うかによって判断が異なることに注意する必要がある。

練習5　芥川龍之介の小説「羅生門」の本文中に「羅生門」と書かれたところは何カ所あるか。

(1) ねらい　コンピュータ処理の高速性を体験させる。
(2) 実習に必要なもの　コンピュータ，小説「羅生門」のディジタルデータ，検索が

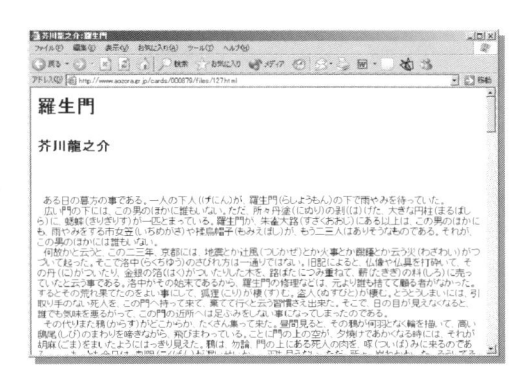

できる文書処理ソフトウェア等

(3) **実習方法** ① 小説「羅生門」のディジタルデータを文書処理ソフトウェアなどに読み込ませる。② 検索機能で「羅生門」と書かれた部分を見つける。③ 検索を繰り返して,「羅生門」は何カ所出てくるか回数を数える。

(4) **時間配分** 15分
(5) **教師と生徒の動き** 教師が生徒に指示し,「羅生門」のディジタルデータを生徒各自のコンピュータに読み込ませる。生徒は「羅生門」と書かれた部分を検索する。
(6) **その他** 「羅生門」のディジタルデータは, Webページ"青空文庫"(http://www.aozora.gr.jp/) を利用するとよい。
(7) **生徒の感想例** 瞬間的に見つけたのには驚いた。人間ではこんなに速く見つけられない。簡単に検索を繰り返すことができるのがわかった。
(8) **発展課題** 「コンピュータに入力されている文書から,任意の文字列を検索してみよう。」「さまざまな情報検索を体験してみよう。」「今までの体験を通して,コンピュータ活用の長所と短所をまとめてみよう。」
(9) **指導上の留意点** 検索に対しては,適切な結果が返ってこない場合があるが,必ずしも求めた情報がないということを意味しないことを認識させることも重要である。

実習内容2 コンピュータの可能性と課題

① コンピュータと人間との関わり

> 問1 コンピュータと利用者,開発者の関係について考えてみよう。

(1) **ねらい** コンピュータのもつ可能性と,それに対する姿勢を学ばせる。
(2) **実習に必要なもの** まとめを記入する用紙
(3) **実習方法** コンピュータと利用者,開発者の関わりについてまとめる。

1 コンピュータを理解し上手に使おう！

(4) **時間配分**　15分
(5) **教師と生徒の動き**　教師が生徒に指示し，まとめさせる。
(6) **その他**　以下のような文書処理ソフトウェアの変遷を提示してもよい。

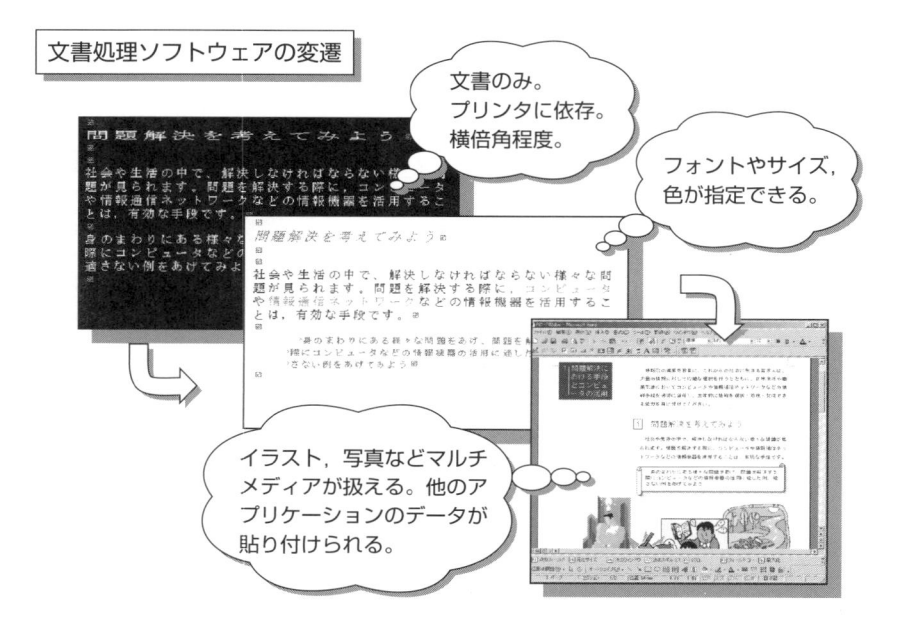

文書処理ソフトウェアの変遷

- 文書のみ。プリンタに依存。横倍角程度。
- フォントやサイズ，色が指定できる。
- イラスト，写真などマルチメディアが扱える。他のアプリケーションのデータが貼り付けられる。

(7) **解答例**
・多くの人たちによって，コンピュータはより使いやすくなるように改良が重ねられてきた。
・利用者と開発者が互いに情報交換をして，問題を解決してきた。
・改良によってコンピュータはより便利な「道具」となった。
・コンピュータを使いこなすには知識や技術，能力が必要である。
・どのように使うか判断するのは人間であって，コンピュータは単なる「道具」にすぎない。
(8) **指導上の留意点**　コンピュータの可能性と課題とは，ソフトウェアを開発したり利用したりする人が工夫して解決していくべき問題であることを認識させることが大切である。
(9) **発展課題**　「あなたにとってコンピュータとはどのようなものか考えてみよう。」「今まで使ったソフトウェアで，やりたいことが思うようにできなかった

例をあげてみよう。」

② トレードオフ

問2　トレードオフとは何か，具体例をあげて話し合ってみよう。

(1) ねらい　トレードオフとは何か考えさせる。
(2) 実習に必要なもの　記入する用紙
(3) 実習方法　トレードオフの関係で悩んだ経験やそのときの解決方法を発表し話し合う。
(4) 時間配分　20分
(5) 教師と生徒の動き　教師が生徒にトレードオフを説明する。生徒はその経験や解決方法を発表し話し合う。
(6) その他　以下の書式の表に記入させると良い。

トレードオフで悩んだ経験	解決策や妥協点など	感想・その他

(7) 指導上の留意点　どのような条件のもとで処理を行うかによって，コンピュータを用いる方がよいかの判断が異なることに注意する必要がある。
(8) 発展課題　「トレードオフの関係にあるものを書いてみよう。」

実験　解像度を変えながらイメージスキャナで写真を読み込み，特徴をまとめてみよう。

(1) ねらい　具体的な実験を通して，トレードオフの関係を認識させる。
(2) 実習に必要なもの　コンピュータ，写真や絵など，スキャナ，画像を読み込みファイルに保存できるソフトウェア，時計，特徴を記入する用紙
(3) 実習方法　① 時間を計りながら写真や絵など画像をイメージスキャナを使ってコンピュータに読み込む。② 読み込む解像度を変えながら，再度読み込む。③ 解像度・画質・読み込み時間・ファイルの大きさを表にしてまとめる。
(4) 時間配分　30分
(5) 教師と生徒の動き　教師が生徒に操作を説明し生徒が行う。生徒全員での作業

1　コンピュータを理解し上手に使おう！

が無理なときは，教師または代表の生徒が行うのが望ましい。

(6) **その他**　以下の書式の表にまとめさせると良い。

解像度	画質	読み込み時間	ファイルの大きさ

(7) **生徒の感想例**　解像度を上げると，画質はよくなるが，読み込み時間がかかったりファイルの大きさが大きくなったりする。しかし解像度を上げすぎても，画質の違いがわからなくなるので，ただ上げればよいというものではないと気がついた。

(8) **指導上の留意点**　処理結果に誤差や誤認識，誤判断などが含まれていると，経済損失や社会問題につながったり，医療現場では生命にかかわる恐れもある。しかし，正確さを追求すれば，それだけ金銭的，時間的コストが大きくなることもある。つまり，ここで大切なことは，処理の速さや正確さ，費用，安全性などの間に，ある観点を重視すれば別の観点を満足することが困難になる関係，すなわちトレードオフがあることを認識させることである。

参考文献

・文部省「高等学校学習指導要領解説　情報編」，開隆堂出版，2000.
・文部科学省「平成14年度　新教科「情報」現職教員等講習会テキスト (1)(2)」，2002.

2 コンピュータはどうやって記憶してるの？

実習番号	PC－2
具体的で正確な表現	コンピュータ概論（ハードウェアの基礎）
必要な設備・環境	パソコン（インターネット，LAN接続不要）
使用するソフトウエア	表計算ソフト（Microsoft Excel） ブラウザ（Microsoft Internet Explorer）
単元	情報B（2）イ
目標	情報をディジタル化することによって，コンピュータ内部でのデータの扱い方を理解する
配分時間	4時間
実習をするために必要な予備知識やスキル	Microsoft Excelの基本的な操作

1．コンピュータの五つの機能

次にあげる機能について，どのようなものがあるかを生徒に答えさせ，コンピュータが備えている機能についての理解を深める。

(1) 入力機能

データやプログラムを外部から取り込む機能。入力装置が受け持つ。

入力装置の例：キーボード，マウス，トラックパッド，ジョイスティック，タッチパネル，タブレット，マイクロホン，バーコードリーダ，磁気カードリーダ，イメージスキャナ（OCR），ディジタルカメラ，ディジタルビデオ

(2) 出力機能

データやプログラムを外部に書き出したり，表示したりする機能。出力装置が受け持つ。

出力装置の例：ディスプレイ（CRT，液晶，プラズマ），プリンタ（ドットインパクト，レーザ，インクジェット，熱転写・感熱），プロッタ

(3) 記憶機能

データやプログラムを記憶する機能。主記憶装置と補助記憶装置が受け持つ。主記憶装置（Main Storage）は揮発性で内部記憶とも呼ばれる。補助記憶装置は不揮発性で外部記憶とも呼ばれる。

補助記憶装置の例：ハードディスク，フロッピーディスク，CD-ROM，CD-R，CD-RW，DVD-ROM，MO，コンパクトフラッシュ，スマートメディア，メモリースティック

(4) 演算機能

算術演算，論理演算，比較判断などを行う機能。

(5) 制御機能

プログラムの命令を取り出して解釈し，装置などに指示し，実行させる機能。

演算機能，制御機能などを受け持つ装置をCPU（Central Processing Unit）またはMPU（Micro Processing Unit）という。
　［市販のパソコンのカタログのスペックを提示し，メインメモリ，ハードディスク，CPUの容量，動作速度等を考えさせる。特に，M（メガ），G（ギガ）等の感覚を0の数を実際に提示して体感させる。］
　これらの間のデータ交換はすべて2進数で行われており，人間にはわかりにくいので，16進数を用いる。

2．10進数と2進数と16進数

(1) 10進数とは何か

位取りを考えると右から1（いち），10（じゅう），100（ひゃく）となることを示し，10のn乗になっていることを理解させる。
そのうえで，［重み付け］という概念を示す。

(2) 2進数とは何か

そのうえで，2進数の位取り，重み付けを考えさせ，2のn乗であることを理解させる。

(3) 2進数と10進数の対応

2進数と10進数の対応表を作成させる。（**図1**）

(4) 2進数と16進数

2進数には0と1しか存在しないので，桁数が大きくなると，人間の目には非常に分かりづらいということに気付かせる。そして2進数を4桁ずつ区切ると，ちょうど16進数1桁になることを説明する。

［図1の横に欄を追加して16進数を記入させる。］

2進数	10進数
0	0
1	1
10	2
11	3
100	4
101	5
110	6
111	7
1000	8
1001	9
1010	10
1011	11
1100	12
1101	13
1110	14
1111	15

図1　2進数と10進数の対応

(5) Excelで2進数→10進数変換

Excelで図2のような表を作っておく。［網掛けの部分に式を入れておき，生徒に2進数を入力させる。求める10進数のところに答えが出る。］

	A	B	C	D	E	F	G	H	I	J	K
1	2進数→10進数										
2											
3	n bit	7	6	5	4	3	2	1	0		
4	2のn乗(重み)	128	64	32	16	8	4	2	1		
5	2進数を入力	0	0	0	0	1	0	0	1		
6	各bitに重みをつける	0	0	0	0	8	0	0	1		9
7											求める10進数
8											↑
9											重みをつけた
10											各bitの和

図2．　Excelでの2進数→10進数変換

(6) Windows付属の電卓で計算

［スタート］－［プログラム］－［アクセサリ］－［電卓］を選択させる。

［表示］－［関数電卓］で［2進］にチェックを入れた後，数字を入力し，［10進］または［16進］にチェックを入れると変換することを体験させる。

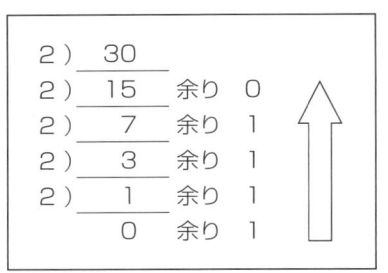

3．10進数→2進数変換

(1) 10進数→2進数変換の原理
元の10進数を2で割り，商と余りを求める。これを商が0になるまで繰り返し，最後の余りから順に並べる。(図3)

［一番最後に出てくる商は，元の10進数を2のn乗で割ったもの］

```
2) 　30
2) 　15    余り　0
2) 　 7    余り　1
2) 　 3    余り　1
2) 　 1    余り　1
     0    余り　1
```

図3　10進数→2進数変換の原理

(2) Excelで10進数→2進数変換
Excelで図4のような表を作っておく。

［網掛けの部分に式を入れておき，生徒に10進数を入力させる。求める2進数のところに答えが出る。］

	A	B	C	D	E	F	G	H	I	J	K
1	10進数→2進数										
2											
3	n bit	7	6	5	4	3	2	1	0	10進数を入力	
4	2で割った商	0	0	0	0	1	3	7	15	30	
5	2で割った余り	0	0	0	1	1	1	1	0		
6	↑										
7	求める2進数										

図4　Excelでの10進数→2進数変換

(3) Windows付属の電卓で計算
［スタート］−［プログラム］−［アクセサリ］−［電卓］を選択させる。

［表示］−［関数電卓］で［10進］にチェックを入れた後，数字を入力し，［2進］または［16進］にチェックを入れると変換することを体験させる。

4．コンピュータにおける演算

(1) 加算（4bit）
4bit同士の2進数の桁上がりを理解させる。［桁あふれも体験させる］

例：「0111」＋「1101」＝「0100」

本来なら「10100」となるところが，bitが足りないので，桁あふれを起こす。

(2) 減算（4bit）

1桁目を符号bitとし，2の補数を使うことにより，負の数が表せることを理解させる。

例：「0111」+「1101」=「0100」

上の例を10進数にすると，「7」+「-3」=「4」となり，桁あふれを起こすことにより，正しい答えが出ることを理解させる。

5. ディスプレイにおける色の表現

光の3原色（RGB）

背景色が黒で，赤（Red），緑（Green），青（Blue）の3色がそれぞれ2通り（1bit）の状態をとると，8通りの色が表現できることを教える。

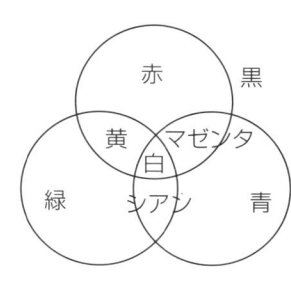

それぞれの色が8bit（256通り）ずつの状態をとると，「000000」から「FFFFFF」まで16,777,216通りの色が表現でき，これが24bitカラーであることを理解させる。

［HTMLやVB等で実際に色を作らせてみることも重要である。例えば，「クリーム色を作りたいときはどうする？」というような，具体的な色を作らせてみる］

2進数	10進数
0000	0
0001	1
0010	2
0011	3
0100	4
0101	5
0110	6
0111	7
1000	-8
1001	-7
1010	-6
1011	-5
1100	-4
1101	-3
1110	-2
1111	-1

図5 符号bitを使った負の数の表現

R	G	B	色
0	0	0	黒
1	0	0	赤
0	1	0	緑
0	0	1	青
1	1	0	黄
1	0	1	マゼンタ
0	1	1	シアン
1	1	1	白

図6 光の3原色

参考文献

・文部科学省「平成14年度　新教科「情報」現職教員等講習会テキスト（1）（2）」，2002
・「情報B」教科書，開隆堂出版

3　操作マニュアルを作ろう！

実習番号	PC – 3
具体的で正確な表現	コンピュータ概論（ソフトウェアの基礎）
必要な設備・環境	パソコン（インターネット，LAN接続不要）
使用するソフトウエア	ドロー系ソフト（Microsoft Officeの図形描画機能）， ペイント系ソフト（Microsoft Windowsのペイント）， 文書処理ソフト（Microsoft Word）， 表計算ソフト（Microsoft Excel）， データベースソフト（Microsoft Access）
単元	情報B（2）ア
目標	各種アプリケーションの操作を通して，応用ソフトの機能や目的を理解させるとともに，基本ソフトであるオペレーティングシステム（以下，OS）の機能やファイル管理の方法を習得させる。
配分時間	6時間
実習をするために必要な予備知識やスキル	Microsoft Windows，Microsoft Officeの基本的な操作
その他	できるだけ基本的な内容のみにとどめ，生徒が概要を把握できるように心がける。キー入力の速さも関係してくるので，できるだけゆっくりと進むこと。興味を持った生徒は，自分でどんどん図や絵を貼り付けさせ，退屈させないようにする。

1．文書処理ソフト

　文書処理ソフト（以下，Word）はレポート作成の目的で使用する。各種応用ソフトで作成したデータをWordに貼り付けさせる。直接データを貼り付けられない場合は，画面情報をWindowsのペイント（以下，ペイント）経由で取り込ませる。例えば次のような演習を行うと，生徒は熱心に取り組む。

① 教師が教材提示装置を使用して口頭で操作方法を説明する。

② その間，生徒にはメモを取らせながら操作をさせる。

③ その後，Wordを用いてその内容をまとめさせ，アプリケーションの使用マニュアルを作成させる。
［あらかじめ，フォントの切り替え，画面情報の取り込み方，オートシェイプ等について教えておく必要はある。］

2．図形と画像の処理

(1) 描画ソフトと画像情報の処理

PrintScreenキーで画面情報を取り込み，ペイントに貼り付けさせる。ペイントで適当な大きさに切り取り，Wordに貼り付けさせる。
［画面情報を取り込むフリーソフトを使用しても良い。］
画面情報を貼り付ける前に一度データを保存し，ファイルの大きさをメモさせる。その後，いろいろな大きさの画面情報を貼り付けてもう一度保存し，ファイルの大きさを比較させる。

ペイントの［表示］-［拡大］-［拡大率の指定］で［800％］を選択させる。また，［表示］-［拡大］-［グリッドを表示］を選択させ，画面の情報が点の集まりであることを理解させる（図1）。

一度貼り付けた画像の大きさをマウスでドラッグして変化させて保存しても，ファイルの大きさが変わらないこ

図1　ビットマップの拡大表示

とを確認させ，Wordが，画面上で表示方法を変化させているだけであることを説明する。ペイントの画像ファイルの大きさを変えて保存した場合は，ファイルの大きさは画像の大きさによって変化することを確認させる。
［ペイントの画像ファイルの大きさとWordの図形貼り付け前後のデータの大きさの変化を確認させ，Wordにおける画像データの管理方法がビットマップでないことを体感させるのも一興である。］

(2) ドローソフトとベクトル表現

Wordの描画ツールを使用し，適当な図を作らせる。右クリックして［書式設定］を選び，いろいろと変更させる。図の大きさを拡大してもビットマップデータのように輪郭がギザギザにならないことを確認させる。ドローソフトで作成した図は，ベクトルデータで表わされていることを理解させる。

(3) フォントファイルやディジタルカメラで撮った画像ファイル

Wordで適当な文字を数文字入力させる。文字を選択してフォントサイズを変更させる。ドロップダウンリストでは72ポイントまでしか表示されないため，ドロップダウンリストに直接数字で500と入力し，拡大表示させてみる。輪郭を確認させ，フォントデータがベクトルデータであることを理解させる。つぎに，ディジタルカメラで撮った画像ファイルをペイントで開かせ，拡大表示させてみる。ディジタルカメラの画像ファイルをビットマップに変換して保存したファイルの大きさと，元のJPEGファイルの大きさを比較させ，JPEGファイルが圧縮されたデータであることを理解させる。
［WindowsのバージョンによってはペイントでJPEGファイルが開けないこともある。その場合，フリーソフト等でビットマップデータにコンバートすること。また，ディジタルカメラの画像がJPEGファイルであることが前提。］

3．表計算ソフトウェア

表計算ソフト（以下，Excel）については，次の点を押さえるとよい。

(1) セルとデータ（数字と文字）

セルの指定方法とデータの入力方法を説明する。例えば「A1セルに自分の名前を入力してみよう。」といったように指示する。データには数字と文字があることを説明する。1行目を見出しにしておくと，ソートやフィルタといったデータベース的な使用ができることを示す（図2）。

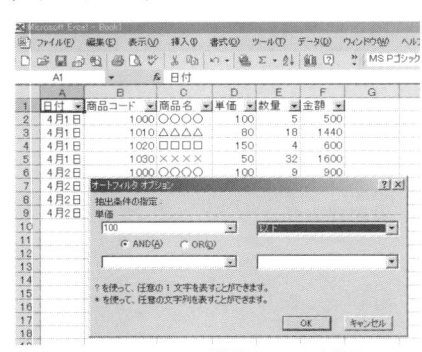

図2　フィルタ機能による絞込み

(2) 数式

セルに数式を入力することにより,さまざまなセル同士の計算ができることを説明する。

［＝を入力してから,矢印キーやマウスでいろいろなセルを選択し,変化を見させる。ここでは相対アドレス指定のみでよい。］

(3) 関数

セルのデータを集計させる。数式だけでは3つ以上のセルの集計が大変になることを示し,sum関数が用意されていることを理解させる。

データベース的な利用方法として,vlookup関数を利用してデータを呼び出させてもよい。

［別のシートにマスタファイルを用意させる。マスタファイルがあれば,コードだけでその物が特定できることを理解させる。］

(4) グラフ

セルのデータを基にグラフを作らせる。様々な種類のグラフを表示させてみて,目的に応じてどのようなグラフを使用すればわかりやすいのかを比較させる。

出来上がった表,グラフはWordに貼り付ける。

(5) マクロ

［ツール］－［マクロ］－［新しいマクロの記録］で適当な操作を行い,記録させる。［ツール］－［マクロ］－［マクロ］でmacro1を選択し,［編集］ボタンを押し,マクロ言語を表示させる。この言語によって自動で操作を行えることを理解させる。

［プログラミングにまで立ち入ると時間を取られる。］

4. データベースソフトウェア

データベースソフト（以下,Access）については,次の点を押さえるとよい。

(1) テーブルとデータ（数字と文字）

マスタテーブルとトランザクションテーブルについて説明する。

商品マスタテーブルと商品売上テーブルを作成させ，それに含まれる項目名を考えさせる。項目の型についても考えさせる。
［正規化の概念をつかませる。顧客マスタテーブルを追加してもよい。］

(2) リレーションとキー項目

Accessのクエリを利用して，テーブル間のリレーション，キー項目を考えさせる。(図3)

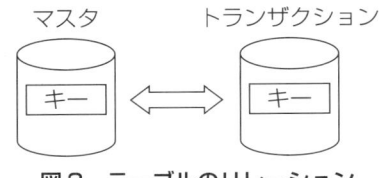

図3　テーブルのリレーション

(3) SQL

SQLについては，Select ～ From ～ Where ; 程度の内容を示し，穴埋めをさせる。
［テーブルと項目の概念がつかめていれば，どのテーブルからどの項目をどのような条件で引き出すかということはわかるはずである。］

［クエリ］で新規作成をした時にテーブルを1つも選択しなければ，SQLビューボタンが表示されるので，それをクリックしてSQLを入力させる。

きちんと予想通りの結果が表示されているか確認させる。

リレーションをとった場合のSQLも説明し，入力させて確認させる。
［キー項目のリレーションの表現をしっかりと理解させる。］
［いろいろな問題を作っておき，SQLビューでそれを解きながらWordにカットアンドペーストで貼り付けていくと，簡単にSQLのまとめができる。］

参考文献

・文部科学省「平成14年度　新教科「情報」現職教員等講習会テキスト (1)(2)」，2002.

5 モデル化とシミュレーション

1　13人の席替え

実習番号	MS−1
具体的で正確な表現	モデル化とシミュレーション
必要な設備・環境	パソコン
使用するソフトウエア	Microsoft Excel または Lotus 1-2-3
単元	情報B
目標	身のまわりの現象や社会現象などを，モデルにより分析したり，動かしてシミュレーションを行ったりすることで問題解決を図っていることを例示し，世の中で役立っていることを認識させる。「わからなかったことがモデル化とシミュレーションによりわかってしまった」という経験をさせる。
配分時間	7時間
実習をするために必要な予備知識やスキル	表計算（Excel または 1-2-3）

1．指導計画

第1時	モデル化およびシミュレーションの具体例
第2時	πを求める（1：ビュッフォンの針，2：モンテカルロ法）
第3時	πを求める（コンピュータシミュレーション）
第4時	待ち行列のシミュレーションの例示
第5時	モデル化実習①（13組のペア：実際に人で〜番号札に置き換えて）
第6時	モデル化実習②（13組のペア：表計算ソフトの利用）
第7時	まとめ

留意点	体系的，概論的な話は避け，例題を通して高度な学問分野や社会での応用があることに気づかせ，「驚きと興味」を持つような刺激を与えることに留意する。

2. 第1時：モデル化とシミュレーションについて

本時の目標	モデルとは何か，シミュレーションとは何かを例示し，社会現象のいろいろな問題を解決していることを認識させる。
評価の観点	意欲を持って主体的に考え，論理的に整理し，学習しようとしているか。

	学 習 活 動	指導上の留意点
導入 (5分)	「モデル」で連想する事を考え話し合う。 「シミュレーション」で連想する事を考え話し合う。ここで扱う言葉の意味の理解をする。	堅苦しい説明にならないようにする。
展開 (40分)	具体例について考える。 ① インターネットの活用 ② ビデオの活用 ・飛行機の風洞実験（模型とソフトの2種類） ・時化（海嵐）で発生する三角波 ・ビルの耐震設計 ・部屋のレイアウト ・フライトシミュレータ ・イベントへ参加した人のながれ ・花火の色や形 ・自動車の衝突実験 ・etc	視聴覚教材の利用
まとめ (5分)	モデル化とシミュレーションの種類について考える。	体系的概論的説明にならないようにする。

3. 第2時：πを求める

本時の目標	シミュレーションの体験を通して，驚きと興味関心を持たせる。また，一つの事象でも複数のモデル化が可能である事を理解させ，目的にかなった最適なモデル化を選ぶ必要があることを認識させる。
評価の観点	与えられた問題に積極的に取り組んでいるか。

1　13人の席替え　　153

	学 習 活 動	指導上の留意点
導入 (5分)	シミュレーションの仕方の説明	・ビュッフォンの針 ・モンテカルロ法を実験する。
展開 (40分)	シミュレーションの実行（30分） 個人データの入力と計算 出てきた値がπであることを認識させる。	人数が半々くらいになるようにする。机上で出来るように器具を小型化する。データの吸い上げと統合データでの計算。
まとめ (5分)	同じ事象であっても，異なったモデル化が出来ることを認識させる。	理論には深入りしない。最適なモデル選び

4．第3時：πを求める

（コンピュータシミュレーション：モンテカルロ法）

本時の目標	机上での実際のシミュレーションの仕方を数値化しコンピュータシミュレーションに置き換えることが出来ることを認識させる。
評価の観点	問題解決に向けて自主的に考え，実行し，理解しようとしているか。

	学 習 活 動	指導上の留意点
導入 (5分)	どのような作業をするのかを確認をする。	計算式を省いた表計算のフォームを用意しておく。
展開 (40分)	10個の点を取る試行を何回か行い，そのおのおのの結果を集計し，誤差を観察する。 10個の点を取る試行を1回行い，数人のグループまたは全体で集計し，誤差を観察する。 落とす点の個数を10個から段階的に10000個まで増やしたときの誤差を観察する。 （試行過程のグラフ化）	記録用紙を用意。 集計用紙を用意。 データ収集プログラムの用意。 理解度の高い生徒にはグラフを描かせる。
まとめ (5分)	実験回数を増やした場合，各自の実験を持ち寄った場合・落とす点を増やした場合それぞれについてどうなったかを確認する。	

5．第4時：待ち行列のシミュレーション

本時の目標	お店での待ち時間という身近な問題がコンピュータシミュレーションで実現できることを認識させる。
評価の観点	概念や原理・法則がどのように構成され，組み立てられているのかを考え理解しようとしているか。

	学 習 活 動	指導上の留意点
導入 （5分）	待ち行列の経験について話し合う。	
展開 （40分）	表計算の起動。 指示に従って関数の入力を行う。 このプログラムで待ち行列のシミュレーションが出来ていることを確認する。 モデルの変更 ・到着間隔の変更 ・1人あたりのサービス時間の変更 ・窓口の複数化	表計算のフォームの用意。 このような方法で出来ることを認識させる。 実際に生徒自身が行えなくても良いものとする。
まとめ （5分）	身近な問題がモデル化とシミュレーションで解決できることを認識させる。	複雑な事象も単純なモデルの積み重ねでシミュレーション可能であることに気づかせる。

6．第5時：モデル化実習①（13組のペア）

本時の目標	問題解決のためにモデル化し机上シミュレーション出来るようになること。
評価の観点	日常生活における事象の問題解決の過程をモデル化やシミュレーション出来ることが理解されているか。

	学 習 活 動	指導上の留意点
導入 (5分)	13組のペアの問題の理解。 「ペアを無作為に組み替えたとき元のペアが一組もないのはどのくらいの確率で起こるか?」	
展開 (40分)	実際に13組のペアを作って行う。 一方が教室に残り並び替えて待ち,教室の外からもう一方が入ってきてペアを作る。いい方法がないか考える。待っている方は番号札に置き換えることが出来ることを認識させる。教室の外に出ていた方も番号札に置き換えることが出来ることを確認させる。	繰り返すことの大変さを理解させ,モデル化の効用を実感できるように指導する。
まとめ (5分)	各自が番号札で行ったデータを集計し,発表する。番号札をコンピュータに置き換えられないか考える。	どんな結果が予想されるか考えてくるように指示する。

7. 第6時：モデル化実習②（13組のペア）

本時の目標	表計算ソフトを活用できること。
評価の観点	筋道立てて物事を考え,問題解決に活かそうとする態度が身に付いているか。自分の考えを論理的に整理し,表現する力を身に付けているか。

	学 習 活 動	指導上の留意点
導入 (5分)	番号札からアルゴリズムへの過程を理解させる。	
展開 (40分)	与えられたフォームにどのような関数を埋め込めばよいか考えさせる。	適宜ヒントを与える事で出来るだけ,各自の力でプログラミングできるように指導する。
まとめ (5分)	机上シミュレーション,コンピュータシミュレーション,数学手法を用いた理論値との誤差についてまとめる。 このモデルが他の事象にも使えないか考えさせる。	余裕があれば「e」の話もする。 試合の対戦相手や席替え等

8．第7時：まとめ

本時の目標	モデル化とシミュレーションの効用についてまとめ，世の中に役立っていることを認識させる。
評価の観点	日常生活における事象の問題解決の過程をモデル化やシミュレーション出来ることを理解されているか。

	学 習 活 動	指導上の留意点
導入 （5分）	この単元で習ったことの確認。	
展開 （40分）	モデル化とシミュレーションの効用について考える。モデル化をするに当たって何に気を付けなければいけないかを考える。コンピュータ利用の有効性を考え，またその限界についても考える。	日常生活では違った事象でも同じモデルが利用できることにも気づかせる。
まとめ （5分）	モデル化とシミュレーションの効用とその限界についてまとめる。	

参考文献

・大村平「シミュレーションのはなし」，日科技連出版社，1991．

注．第3時および第4時で使用できるソフトとして，若山邦紘氏（法政大学工学部教授）が作成したもの，また，第6時で使用できるソフトとして，本実習課題提供者（栃木欣也）が作成したものを附属のCD-ROMに収録している。

2 表計算ソフトウェアでグラフを書いてみよう

実習番号	MS-2
具体的で正確な表現	表計算ソフトウェアでグラフを簡単に書いて最大値や最小値などを求める。
必要な設備・環境	コンピュータ
使用するソフトウエア	表計算ソフトウェア
単元	情報B（3）ア
目標	モデル化とシミュレーションの考え方や方法を理解させ，実際の問題解決に活用できるようにする。数学的な解法によらず複雑な関数でも最大値や最小値をシミュレーションによって簡単に求められることを理解する。
配分時間	4時間
実習をするために必要な予備知識やスキル	なし

1. 実習のねらい

　コンピュータを活用して身近な問題を解決するには，その問題をモデル化してコンピュータ上で扱えるようにすることが有効である。モデル化とは，問題を構成している要因とその関係を明確にし，さらに，解決のためには，どの要因を操作して，どの要因がどのような基準を満たすようにすればよいのかを明らかにすることである。

　各教科等で学習済みの知識を生かして簡単にモデル化できる程度の題材を扱い，モデル化とシミュレーションの考え方や方法を理解させる。

　ここでは，簡単な関数式で求められる程度の問題を実際に扱う。この場合，式を作ることが「モデル化」である。関数の最大・最小問題は式の変形や微分で求められるが，表計算ソフトウェアを利用してシミュレーションを行うことにより，グラフを書きながら複雑な式でも答えが求められることを学習する。

2．実習の展開

実習内容　最大値問題

> 問題　ある商品の単価が100円のとき，1日の売上個数は600個である。また，この商品の単価を1円値上げするごとに1日の売上個数は3個減る。1日の売上高が最大になるのは，単価をいくら値上げしたときか。
> (1) 数学的解法で求めてみよう。
> (2) 表計算ソフトウェアによる解法で求めてみよう。

(1) ねらい
　問題を理解し，関数式を求めながら「モデル化」を理解する。
　既知の数学的方法による解法と表計算ソフトウェアによる解法を比較する。
　あわせて，表計算ソフトウェアでグラフの書き方を学習する。

(2) 実習に必要なもの
　コンピュータ，表計算ソフトウェア

(3) 実習方法
[1] 数学的解法
　① 単価をx円値上げしたときの売上高をy円とし，yをxの式で表す。
　② 2次関数を標準形に変形し，最大値を求める。
[2] 表計算ソフトウェアによる解法
　① 関数式をもとに，様々なxの値に対しyの値を表計算ソフトウェアで求める。
　② グラフを書いて最大値を求める。
[3] その他　① 練習問題を解く。② グラフを書く実習を行う。

(4) 時間配分
　4時間

(5) 教師と生徒の動き

数学Ⅰで学習済みの数学的解法については，生徒に解かせても良い。

表計算ソフトウェアによる解法については，教師が説明しながら行い，一緒に生徒も行う。その後，繰り返し生徒だけで行う。

(6) 指導上の留意点

表計算ソフトウェアの機能を使い，簡単にグラフが書けることに気付かせる。

解答1（数学的解法）

単価を x 円値上げしたときの売上高を y 円とすると，

$$\begin{aligned}
y &= (600 - 3x)(x + 100) = -3x^2 + 300x + 60000 \\
&= -3(x^2 - 100x) + 60000 \\
&= -3\{(x-50)^2 - 2500\} + 60000 \\
&= -3(x-50)^2 + 7500 + 60000 \\
&= -3(x-50)^2 + 67500
\end{aligned}$$

から，$x = 50$ のとき，y は最大になる。

よって，単価を50円値上げしたとき売上高が最大になる。

解答2（Excelを使ったシミュレーション）

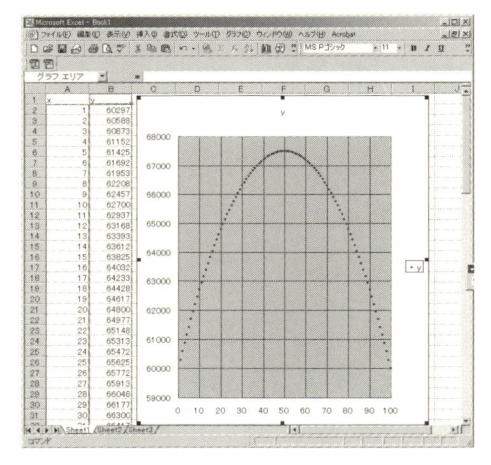

シミュレーションにより，単価を50円値上げしたとき売上高が最大になる。

グラフの書き方

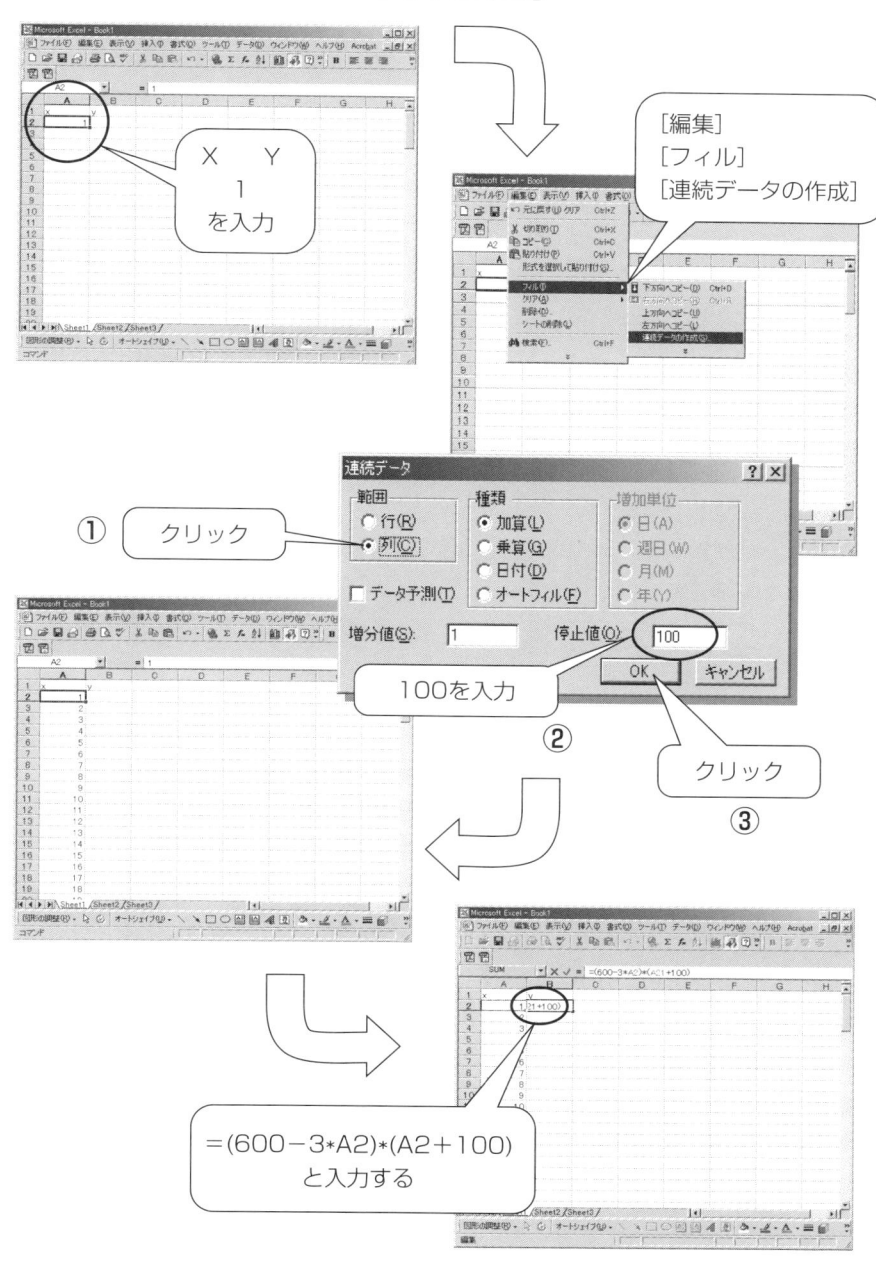

X Y
1
を入力

[編集]
[フィル]
[連続データの作成]

① クリック

② 100を入力

③ クリック

=(600−3*A2)*(A2+100)
と入力する

2 表計算ソフトウェアでグラフを書いてみよう　161

① このセルをクリックし右下の■をダブルクリック

下までコピーされる

② クリック / グラフウィザードをクリック

③ 散布図をクリック

④ クリック

⑤ クリック

各■をドラッグして形を整える

162　5　モデル化とシミュレーション

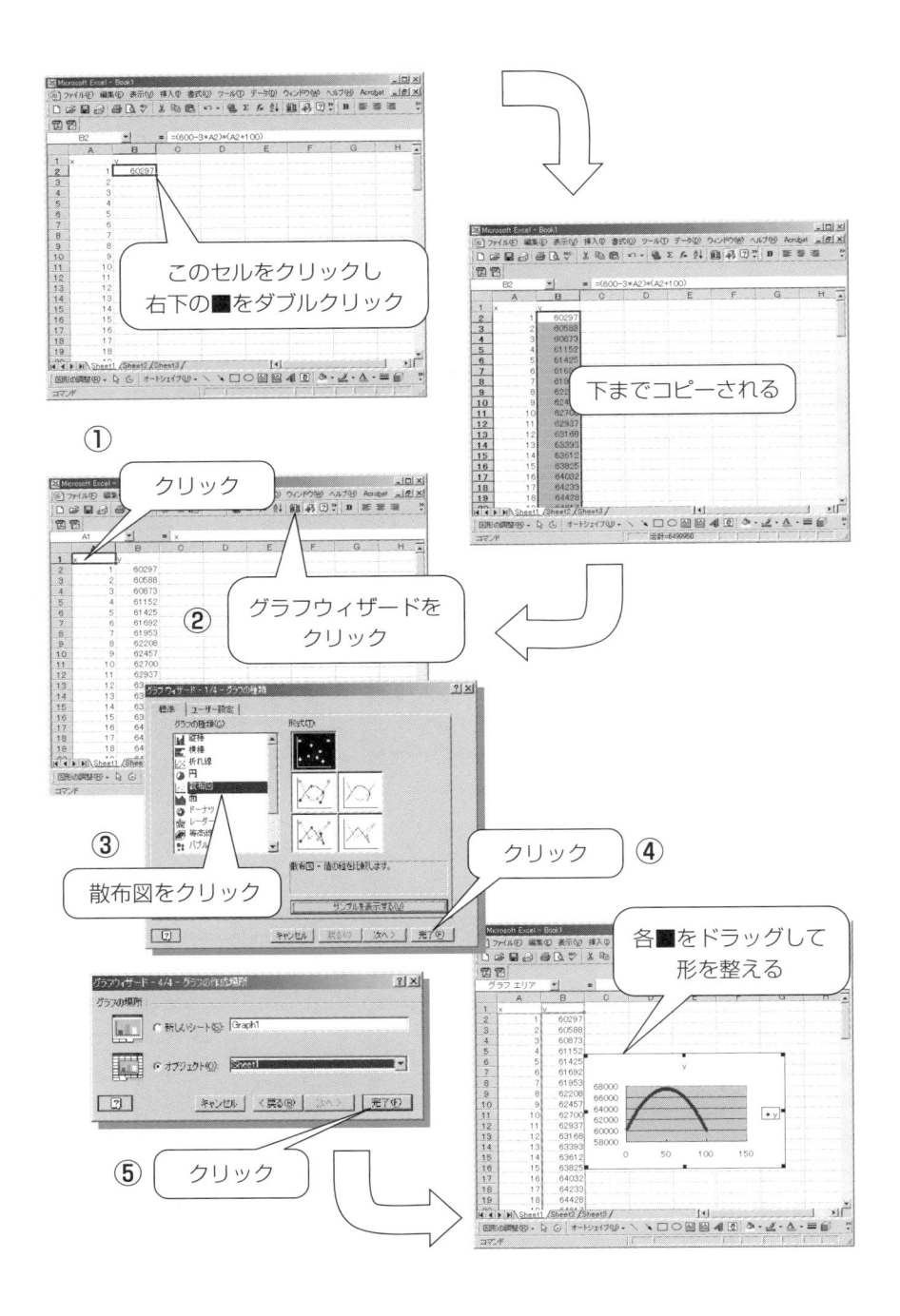

① X軸をダブルクリック

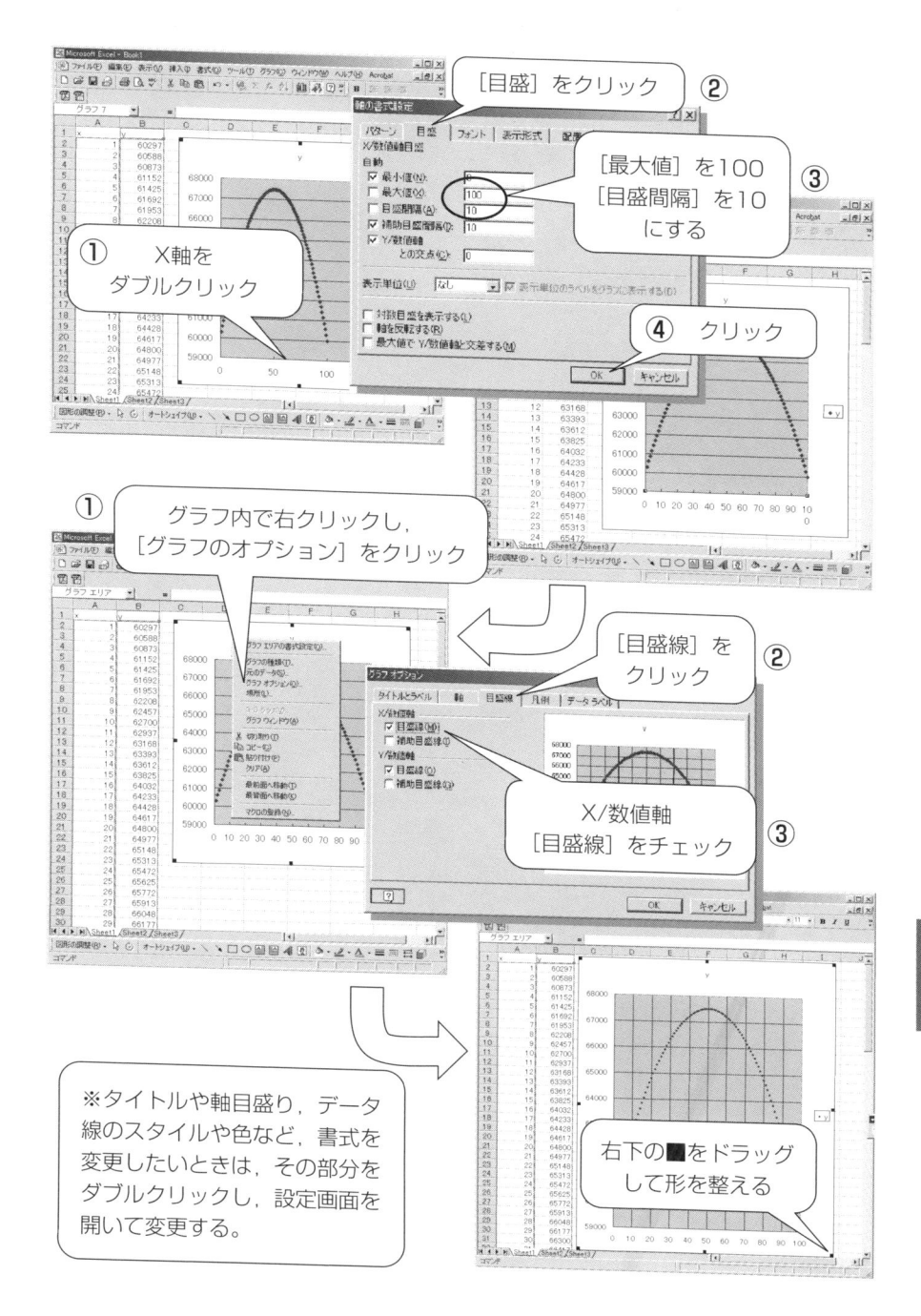

② [目盛] をクリック

③ [最大値] を100 [目盛間隔] を10にする

④ クリック

① グラフ内で右クリックし、[グラフのオプション] をクリック

② [目盛線] をクリック

③ X/数値軸 [目盛線] をチェック

右下の■をドラッグして形を整える

※タイトルや軸目盛り、データ線のスタイルや色など、書式を変更したいときは、その部分をダブルクリックし、設定画面を開いて変更する。

2 表計算ソフトウェアでグラフを書いてみよう　163

練習問題

> 練習1（最大値問題）
> 　周囲の長さが20cmの長方形のうち，面積が最大なものは，どのような長方形か。

解答1（数学的解法）

　長方形の1辺の長さをx cm，長方形の面積をy cm^{2}とすると，yは次の関数である。

$y = x(10-x)$　ただし　$0 < x < 10$　よって
$y = x(10-x) = -x^2 + 10x = -(x^2 - 10x)$
$\quad = -\{(x-5)^2 - 25\} = -(x-5)^2 + 25$

から，$x=5$のとき最大値25をとる。よって1辺の長さが5cmの正方形のとき面積が最大になる。

解答2（Excelを使ったシミュレーション）

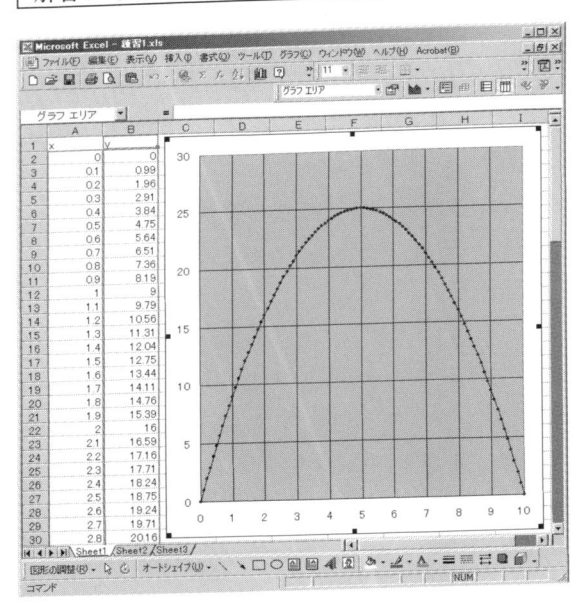

シミュレーションにより，$x=5$のとき最大値25をとる。よって1辺の長さが5cmの正方形のとき面積が最大になる。

練習2 次の関数のグラフをExcelで書いてみよう。
(1) $y = x^2 + 1$
(2) $y = x^3 - 3x - 1$
(3) $y = \dfrac{1}{x}$
(4) $y = |x^2 - x - 2|$
(5) $y = \sin x$
(6) $y = 2\cos(3x - 60°)$
(7) $y = \cos^2 x + \sin x + 1$

[解答例]

(1) $y = x^2 + 1$

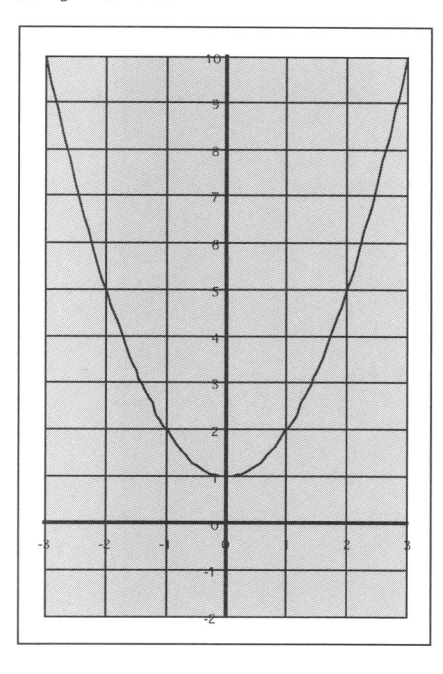

(2) $y = x^3 - 3x - 1$

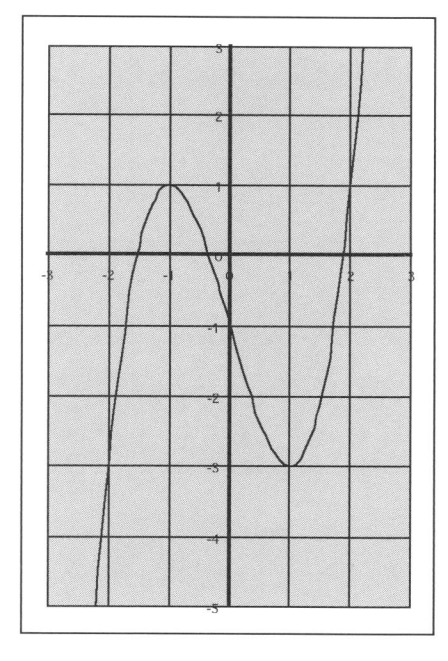

(3) $y = \dfrac{1}{x}$

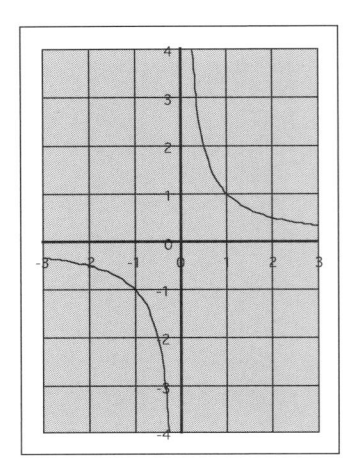

(4) $y = |x^2 - x - 2|$

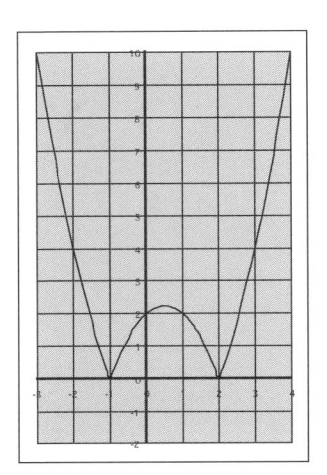

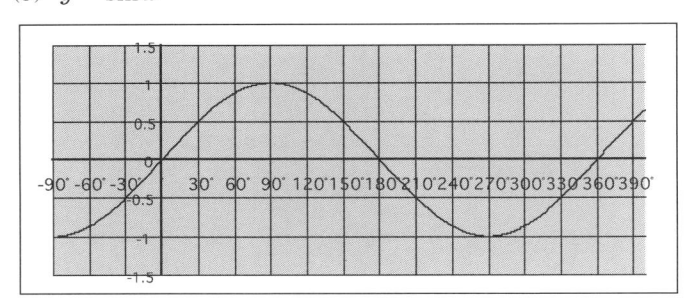

(5) $y = \sin x$

(6) $y = 2\cos(3x - 60°)$

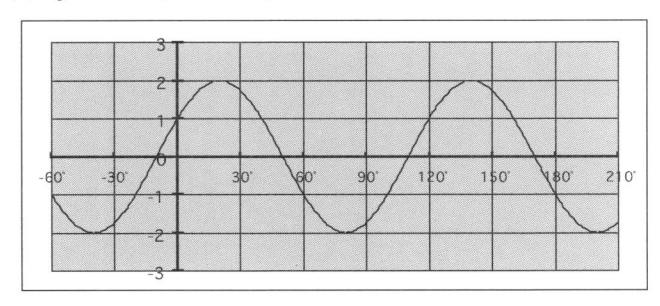

(7) $y = \cos^2 x + \sin x + 1$

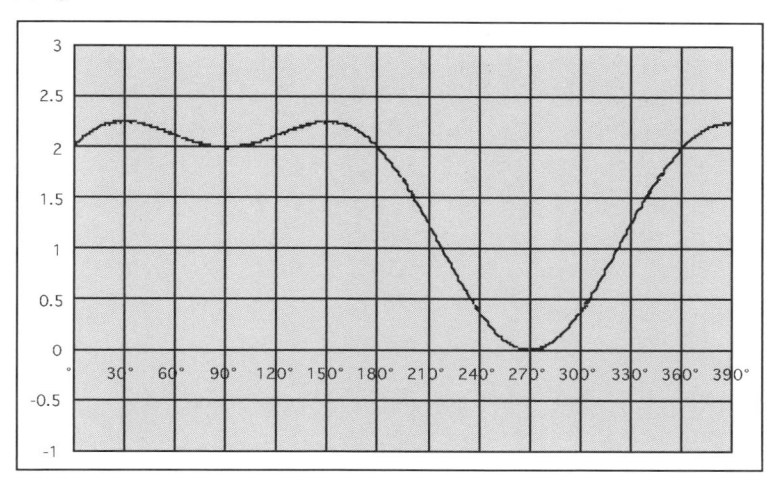

応用問題　次の二次曲線をExcelで書いてみよう。
$$(x+2)^2 - y^2 = 9$$

解答例

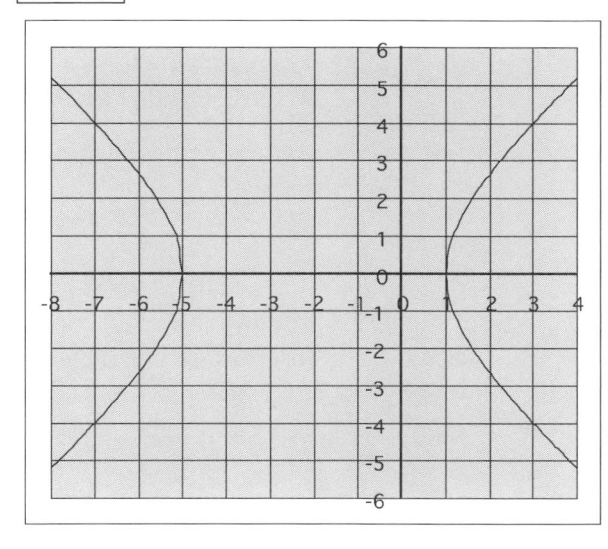

練習3（部品の購入量）
　ある製品を製造するために部品が1日あたり100個必要となる。部品は部品メーカーに行って購入するため，1回の購入に運送費など購入経費20万円がかかる。一度に多く仕入れれば購入経費は安くなるが，部品在庫が多くなるため保管経費がかさんでしまう。保管経費は1日，1個あたり50円である。1回の購入量をどれだけにすれば総経費を安くすることができるだろうか。

解　答

1回の仕入れ量を Q 個としたときの1日あたりの平均経費を M 円とする。

在庫の1日あたりの在庫の平均個数は $\dfrac{Q}{2}$ 個である。よって，1日あたりの保管経費は

$$50 \times \dfrac{Q}{2} = 25Q \text{（円）}$$

仕入れの1サイクルの時間は $\dfrac{Q}{100}$ 日。よって，1日あたりの購入経費は

$$200{,}000 \div \dfrac{Q}{100} = \dfrac{20{,}000{,}000}{Q} \text{（円）}$$

ゆえに

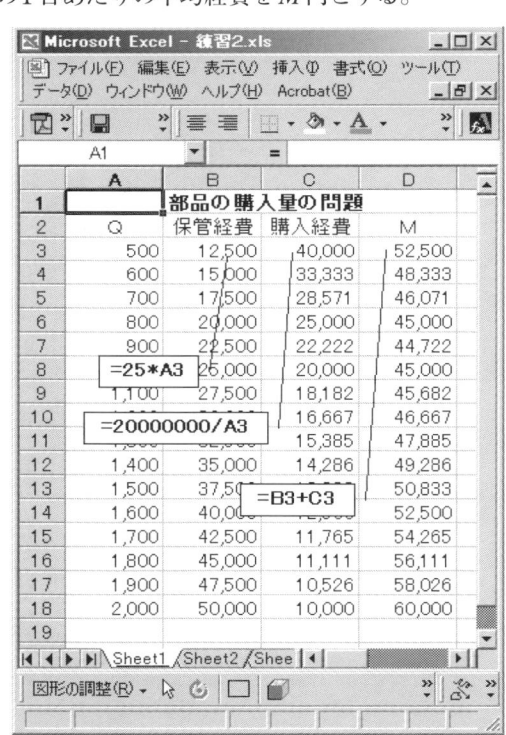

$$M = 25Q + \dfrac{20{,}000{,}000}{Q} \text{（円）}$$

	A	B	C	D
1		部品の購入量の問題		
2	Q	保管経費	購入経費	M
3	500	12,500	40,000	52,500
4	600	15,000	33,333	48,333
5	700	17,500	28,571	46,071
6	800	20,000	25,000	45,000
7	900	22,500	22,222	44,722
8	=25*A3	25,000	20,000	45,000
9	1,100	27,500	18,182	45,682
10	=20000000/A3		16,667	46,667
11			15,385	47,885
12	1,400	35,000	14,286	49,286
13	1,500	37,500	=B3+C3	50,833
14	1,600	40,000		52,500
15	1,700	42,500	11,765	54,265
16	1,800	45,000	11,111	56,111
17	1,900	47,500	10,526	58,026
18	2,000	50,000	10,000	60,000

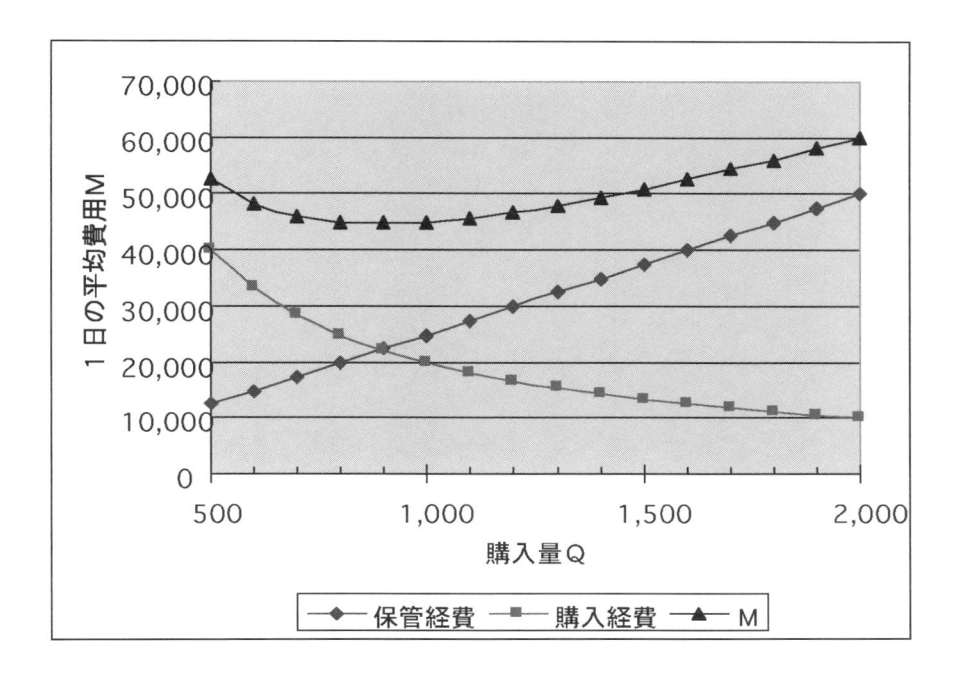

Q を100個きざみに500個から2,000個まで変化したときの1日あたりの平均経費のグラフが上図である。この場合で考えると，900個購入するのが最も安いといえる。必要があれば，もっときざみ幅を小さくして詳しい値を求めればよい（次ページ参照）。

【参考】

$$\frac{dM}{dQ} = 25 - \frac{20,000,000}{Q^2} \quad \frac{dM}{dQ} = 0 となる Q を求めると，$$

$$25 - \frac{20,000,000}{Q^2} = 0 \quad Q = \sqrt{\frac{20,000,000}{25}} = \sqrt{800,000} ≒ 894.4$$

1個きざみに885個から905個までの場合を求めると

部品の購入量の問題			
Q	保管経費	購入経費	M
885	22,125	22,599	44,724
886	22,150	22,573	44,723
887	22,175	22,548	44,723
888	22,200	22,523	44,723
889	22,225	22,497	44,722
890	22,250	22,472	44,722
891	22,275	22,447	44,722
892	22,300	22,422	44,722
893	22,325	22,396	44,721
894	22,350	22,371	44,721
895	22,375	22,346	44,721
896	22,400	22,321	44,721
897	22,425	22,297	44,722
898	22,450	22,272	44,722
899	22,475	22,247	44,722
900	22,500	22,222	44,722
901	22,525	22,198	44,723
902	22,550	22,173	44,723
903	22,575	22,148	44,723
904	22,600	22,124	44,724
905	22,625	22,099	44,724

893～896 の M に対して 最小

したがって，893個から896個のときが最小となることがわかる．

参考文献
・文部省「高等学校学習指導要領解説　情報編」，開隆堂出版，2000．
・文部科学省「平成14年度　新教科「情報」現職教員等講習会テキスト (1)(2)」，2002．

3 釣銭の問題を検証しよう！

実習番号	MS－3
具体的で正確な表現	モデル化とシミュレーションの教材としてよく取り上げられている「釣銭の問題」の妥当性をマルコフ過程における状態遷移行列を利用して検証する。また，構造モデルの応用例を学習する。
必要な設備・環境	パソコン
使用するソフトウエア	表計算ソフト（エクセル）
単元	情報B（3）ア
配分時間	最小3時間〜最大5時間
その他	同じ現象を確率的モデルと確定的モデルによって比較することでモデルの妥当性の検証方法を学習する。

モデルの妥当性の検証

指導計画	導入	・与えられたモデルによって導かれた結果が，現実に起こっている事柄を反映しているかを検証することが必要であることを説明する。
	展開（1）漸化式による確率計算と状態遷移行列	・四面体の各頂点を離散的時間経過によって移動する動点の各時間における存在確率を漸化式によって求める方法を紹介する。 ・この問題を頂点を状態とした構造モデルに変換してそのモデルによる確率計算について解説を行う。 ・構造モデルより遷移行列を作成し，行列のn乗計算と漸化式により確率の関係を説明する。
	展開（2）「釣銭の問題」の体験	・確率的モデルとして「釣銭の問題」を取り上げる。 ・実際にシミュレーションを行うことにより結果が一定の値に収束していることを確認させる。 ・それぞれの不足枚数の確率を数学的に求めるにはどのようにすればよいかを考えさせる。

3 釣銭の問題を検証しよう！ 171

指導計画	展開（3）「釣銭の問題」の構造モデル化	・釣銭の問題の状態遷移図を作成し，各状態の確率をどのように決定すればよいかを考える。 ・遷移行列によって求めた確率が確率モデルによる確率とどのような関係にあるかを確かめる。
	まとめ	・数学的に確定的なモデルであっても実際の確率計算を行うことが困難と思われる事象を確率的なモデル化によってその数値をシミュレーションすることの意義を考えさせる。

1．導入

　高等学校普通教科「情報」の「情報B」における「モデル化とシミュレーション」では様々な分野の題材を扱う。情報という教科の目的のひとつに他教科との連携が挙げられるが「モデル化とシミュレーション」は教材を工夫することで他教科の内容も含んだ学習が最もやり易い分野であるといえる。ここでは「釣銭の問題」のシミュレーションの結果を数学的に検証することで情報という教科の中で確率の学習を融合させる教材の提案を行う。

2．展開（1）漸化式による確率計算と状態遷移行列

　右図のような四面体の各頂点を移動する動点を考える。頂点Aから出発して隣の頂点に確率 $\frac{1}{3}$ で移るとき，n秒後にAにいる確率を a_n とすると

$$a_{n+1} = \frac{1}{3}(1 - a_n)$$

変形して

$$a_{n+1} - \frac{1}{4} = \left(-\frac{1}{3}\right)\left(a_n - \frac{1}{4}\right)$$

$$\therefore \quad a_n = \left(-\frac{1}{3}\right)^{n-1}\left(a_1 - \frac{1}{4}\right) + \frac{1}{4}$$

よって

$$\lim_{n \to \infty} a_n = \frac{1}{4}$$

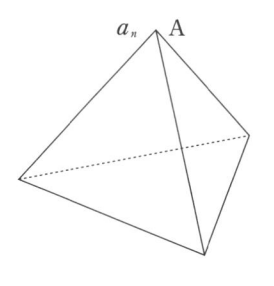

これを状態遷移図に置き換えると右図のようになる。各頂点からはそれぞれ3本の矢印が隣の頂点に確率 $\frac{1}{3}$ の重みをもって出ており，この辺をたどることでn秒後の頂点に存在する確率が計算できる。頂点には①から④までの番号をつけるとi番からj番にいたる確率を a_{ij} とした 4×4 の行列ができる。これを状態遷移行列と呼ぶ。
この場合では状態遷移行列は

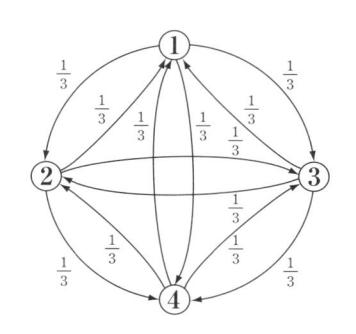

$$A = \begin{pmatrix} 0 & 1/3 & 1/3 & 1/3 \\ 1/3 & 0 & 1/3 & 1/3 \\ 1/3 & 1/3 & 0 & 1/3 \\ 1/3 & 1/3 & 1/3 & 0 \end{pmatrix}$$

となる。この行列 A を n 乗した行列 A^n の成分を c_{ij} とすれば，この成分は i 番目の頂点から出発してn秒後に j 番目の頂点にいたる確率を表しており，各成分はnを無限大に発散させたとき一定の値に収束することが知られている。

3．展開（2）「釣銭の問題」の体験

「釣銭の問題」とは「40人のクラスで，一人1,500円の集金を行う。1,500円丁度持ってくる生徒と2,000円で釣りをもらおうとする生徒の割合はともに0.5であるとすると，釣り銭が不足する確率を0.1以下にするためには500円玉を何枚用意しておけばよいであろうか。」というものでシミュレーションの題材としては結果の意外性も含めて，高校生が興味を持つと思われる内容を多く含んでいる。モデル化の手法が正しいことは簡単に理解することができるので，乱数の一様性が保証されていればこのシミュレーションの結果は信頼できるが，あくまでも統計的手法によるものであるから結果の検証には理論値を求めることが必

要になる。数学的にこの値を求めるには状態遷移グラフを用いて最短経路の場合の数を求める方法を利用する方法と，状態遷移行列を利用する方法が考えられるが，前者は高校の数学の確率の教材としては難度が高い部類に属する。

4．展開（3）「釣銭の問題」の構造モデル化

まずは，釣銭の問題の確率を状態遷移グラフを用いて求めてみる。計算を簡単にするために人数を6人とする。釣銭が-1枚以下となる場合は$(0, 0)$から出発して-1を通る破線と少なくとも1回共有点を有する経路をとった場合であるから，最短経路を求める手法で計算すると右図のような結果となる。このとき$(6, 0)(6, 2)(6, 4)$にいたる経路の計算には出発点を$(-2, 0)$とする鏡像原理を用いる。この結果，釣銭が-1枚以下となる確率は

$$\frac{1+6+15+15+6+1}{2^6} = \frac{44}{64} = \frac{11}{16}$$

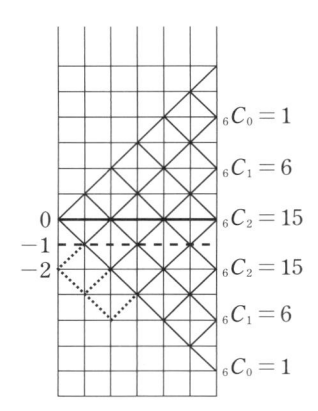

となる。同様にして計算すると-2枚以下となる確率は$\frac{29}{64}$となるので，ちょうど不足枚数が-1枚となる確率は

$$\frac{44}{64} - \frac{29}{64} = \frac{15}{64} = 0.234375$$

となる。

一方，釣り銭の過不足の枚数を一つの状態として構造モデルを作成すると下の図のようになる。

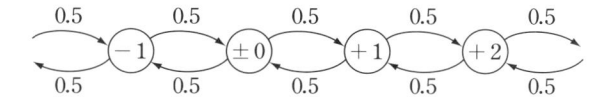

このモデルでは扱う人数によってノードの数が変化する。不足枚数の出現確率を求めることが目的であるので，6人を扱うのであれば-6から1までの8つのノードをもった構造モデルを準備すればよい。

```
        0.5       0.5       0.5
   1  ┌─────┐   ┌─────┐   ┌─────┐   ┌─────┐
  ○──▶│ -1  │◀─▶│ ±0  │◀─▶│ +1  │◀─▶│ +2  │
      └─────┘   └─────┘   └─────┘   └─────┘
         0.5       0.5       0.5       0.5
```

このモデルより状態遷移行列を作成する。

$$A = \begin{pmatrix} 1 & 0 & 0 & 0 & 0 & 0 & 0 & 0 \\ \frac{1}{2} & 0 & \frac{1}{2} & 0 & 0 & 0 & 0 & 0 \\ 0 & \frac{1}{2} & 0 & \frac{1}{2} & 0 & 0 & 0 & 0 \\ 0 & 0 & \frac{1}{2} & 0 & \frac{1}{2} & 0 & 0 & 0 \\ 0 & 0 & 0 & \frac{1}{2} & 0 & \frac{1}{2} & 0 & 0 \\ 0 & 0 & 0 & 0 & \frac{1}{2} & 0 & \frac{1}{2} & 0 \\ 0 & 0 & 0 & 0 & 0 & \frac{1}{2} & 0 & \frac{1}{2} \\ 0 & 0 & 0 & 0 & 0 & 0 & 0 & 1 \end{pmatrix} \quad A^6 = \begin{pmatrix} 1 & 0 & 0 & 0 & 0 & 0 & 0 & 0 \\ \frac{11}{16} & 0 & \frac{5}{64} & 0 & \frac{9}{64} & 0 & \frac{5}{64} & 0 & \frac{1}{64} \\ \frac{29}{64} & 0 & \frac{7}{32} & 0 & \frac{7}{32} & 0 & \frac{5}{64} & \frac{1}{32} \\ \frac{7}{32} & \frac{9}{64} & 0 & \frac{19}{64} & 0 & \frac{7}{32} & 0 & \frac{1}{8} \\ \frac{1}{8} & 0 & \frac{7}{32} & 0 & \frac{19}{64} & 0 & \frac{9}{64} & \frac{7}{32} \\ \frac{1}{32} & \frac{5}{64} & 0 & \frac{7}{32} & 0 & \frac{7}{32} & 0 & \frac{29}{64} \\ \frac{1}{64} & 0 & \frac{5}{64} & 0 & \frac{9}{64} & 0 & \frac{5}{64} & \frac{11}{16} \\ 0 & 0 & 0 & 0 & 0 & 0 & 0 & 1 \end{pmatrix}$$

作成した状態遷移行列を6乗すると第1列の2行目以降に並んだ数値が不足枚数の確率を表している。状態遷移行列についての学習がすんでいるので，それぞれの数値が何を表しているのか考えさせることも大切である。

A^6の$(j, 1)$成分には不足枚数が$j-1$以下になる確率が表示されている。不足枚数が-1以下になる確率は$\frac{11}{16}$となっていることが解る。これは状態遷移グラフで求めた数と一致している。

5．まとめ

「釣銭の問題」では数学的手法や構造モデルを用いると確定された確率を求めることが可能であったが，これを確率的なモデルで帰納的に求める方法と比較すると後者の意義が見えてくる。普段の生活の中でおこるさまざまな現象を数学的に解析することはきわめて困難である。そのような中で確率的モデルを作成してその中に一定の規則性を見い出せるならば，理論的な裏づけを考える必然が生まれてくる。単にシミュレーションをするだけで終わることなく検証をどのように行うかを提示することがこの分野で求められると思われる。

参考文献

・文部省「高等学校学習指導要領解説　情報編」，開隆堂出版，2000
・文部科学省「平成14年度　新教科「情報」現職教員等講習会　テキスト（2）」，2002

4 簡易シミュレーションシステムを作ろう

実習番号	MS-4
具体的で正確な表現	情報の伝達の手段，プレゼンテーションの実習
必要な設備・環境	表計算ソフトのシート上に確率的モデルを視覚化するための平面を定義し，簡易シミュレーションツールを設計することでモデル化とシミュレーションの手法を体験する。
使用するソフトウエア	表計算ソフト（エクセル）
単元	情報B（3）ア
目標	情報活用能力の実践と育成
配分時間	最小5時間〜最大7時間
その他（環境・教材）	ツールを拡張することで，さまざまな問題に柔軟に対応できることを体験させ他の生徒が行った拡張を利用する方法を考えることにより，アイデアの共有について考察する。

1. はじめに

　モデル化とシミュレーションにおいては，各題材ごとにさまざまなアプローチが考えられ問題解決に最適と思われる方法でモデル化が行われ，そのシミュレーションが提示されている。この分野では身近な生活に役立つ問題解決能力を育成することがねらいで，身の回りの現象や社会現象などを通してモデル化とシミュレーションの考え方や方法を理解させなければならない。しかしながら対象となる現象は多岐にわたるため一つの問題をうまく解決できたとしても，それが他の問題に適応できるとは限らない。よって，問題ごとに問題解決の手法を柔軟にカスタマイズできる力の育成が望まれる。

　そのためには高校生にとって理解し易く，役立つと実感できる題材の選択が極めて重要となる。実際のモデル化の中で用いられる乱数を用いた確率モデルを視覚化するツールを開発し，それを拡張することでモデル化とシミュレーションの手順を体験できる教材を提案したい。（付属のCD-ROMに収録）

2. セル平面を利用した数理モデルの視覚化

現象の規則性や法則性を数式によって定性的に表現したものを数理モデルと呼ぶが，実生活で利用されている数理モデルは専門性が高く専用のシステムを必要とするものも多い。ここでは現在高等学校が標準的に保有している表計算ソフトを利用してモデル化とシミュ

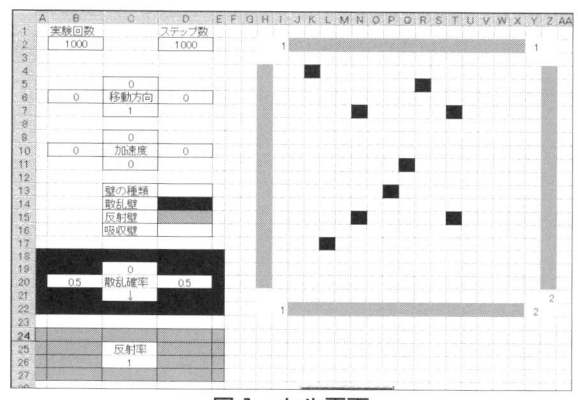

図1 セル平面

ュレーションに必要なツールを作成し，その利用方法を研究する。

(1) セル平面

表計算ソフトの一つのシートを平面とみなし，セル平面と呼ぶ。平面上の行列にあるセルの座標をとして座標を導入する。この平面上を移動するセルを考え，その基本的な動きをVBAを用いて定義する。この平面上で定義した動きを組み合わせることで，生徒達が身の回りにある現象を視覚的にモデル化しシミュレートできるようになっている。

(2) 壁

セルの移動を制御する為にセル平面内に壁を設置する。壁は吸収壁（左），反射壁（中央），散乱壁（右）の3種類を用意する。吸収壁は移動セルが衝突した時そこで止まり，その個数がカウントできるようになっている。反射壁は移動セルが反射する時，パラメータとして反発係数を設定できるようになっている。散乱壁は移動セルが衝突した時，

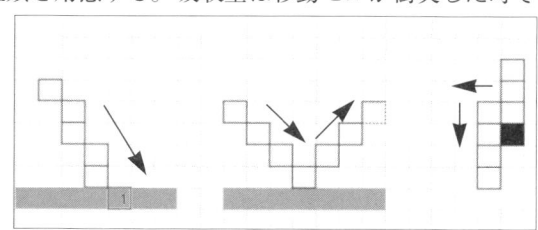

図2 セル平面の例

4 簡易シミュレーションシステムを作ろう

散乱する方向の確率をパラメータとして設定できるようになっている。壁の設定はセルの背景色のプロパティを変えることで行うが，制御パネルにある壁の色をカットアンドペーストすれば簡単に行うことができる。

(3) 制御パネル

制御パネルでは，シミュレーションのためのパラメータの設定を行う。また，実験の回数や，移動セルのステップ数も設定できるようになっている。移動セルのステップ数の設定は移動が無限ループから抜け出すためのものである。パラメータとしては，反発係数，散乱確率，移動方向，加速度が設定できる。

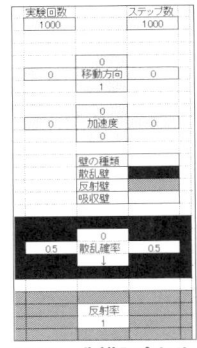

図3 制御パネル

3．モデルの妥当性の検証

セル平面を利用して，コイントスをモデル化しそのシミュレーションの結果を検証することで，生徒達にモデル化による問題解決の手法を示す。まず，散乱壁の確率を左右それぞれ0.5に設定し，散乱がどのように起るかを吸収壁を用いてカウントする。実験の回数を1000回として，右側を表，左側を裏とし表の出る回数を危険率5%で検定する。表が出る確率をPとし，P＝0.5という仮説をたてる。表の出る回数Xは二項分布B(1000，0.5)に従うので，これを正規分布$N(m, \sigma^2)$で近似すると

$m = 1000 \times 0.5 = 500$
$\sigma = \sqrt{1000 \times 0.5 \times 0.5} = 15.8$
よって正規分布表より

$P(m - 1.96\sigma \leq X \leq m + 1.96\sigma) = 0.95$
$\Leftrightarrow P(470 \leq X \leq 530) = 0.95$

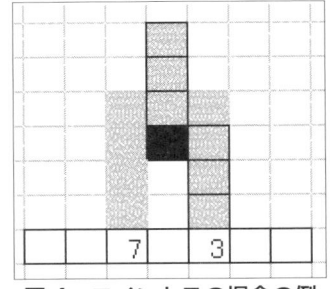

図4 コイントスの場合の例

となる。実験結果は$X=520$であるから棄却域に入らないのでコイントスの確率的モデルとしては妥当なものであると結論づけることができる。この実験を5回繰り返し，表の出る回数を表にしたものが次頁（**表1**）のものである。いずれも棄却域には入っていない。

表1

回数	1	2	3	4	5
X	520	511	503	471	493

　また，コインをn回投げた時，表の出る回数がどのように分布するかを視覚化するモデルも作成できる。図5のようなモデルはコインを50回投げた時，表の出る回数の分布をシミュレートするものであり，10000回の実験の結果をグラフ化してある。分布が極めて正規分布に近いことを見て取ることができる。これは散乱確率を左右それぞれ$\frac{1}{2}$としたときのシミュレーションの結果であるが，左右をそれぞれ$\frac{1}{6}, \frac{5}{6}$とすればサイコロを振ったときのモデルとなり,二項分布の様子を簡単にグラフ化できる。サイコロを振る回数を増やせば二項分布が正規分布に近づいていく様子も見て取ることが可能である。

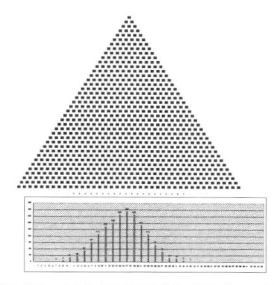

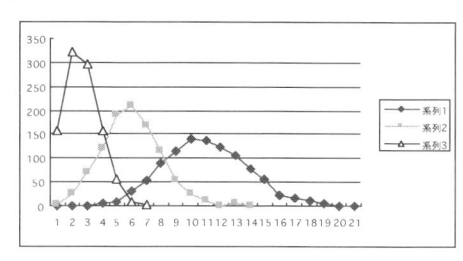

図5　50回投げた場合の例

系列1：5000回投げた場合
系列2：500回投げた場合
系列3：50回投げた場合

図6　グラフ化の例

4．セル移動の機能拡張

　制御パネルのパラメータを調整することで，ビリヤードの玉の停止問題や落下物体の堆積形状等のモデル化を工夫することができる。ビリヤードの玉の停止問題では，移動方向を決定するベクトルの成分と壁を構成するブロックの個数がともに整数値であるから鏡像原理より必ず停止するのであるが，実際にセル平面で動きをシミュレートしてみることは生徒達の理解を助けるのに意義あることと思われる。落下物体の堆積形状では実際の形状を反映することは

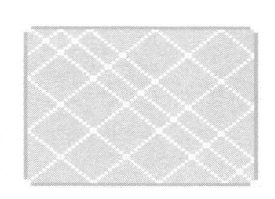

図7　セル移動の機能拡張

難しいが，モデル化をどのような手順で行い，シミュレーションを行うかをパラメータの変化による形状変化をみることで体験することができる。標準で準備されている動き以外の問題をモデル化するにはセル移動の機能を拡張することで対応する。このためには移動規則をVBAで記述した関数を追加すればよい。

平成14年度大学入学者選抜大学入試センター試験の情報関係基礎第2問では「迷路の解」に関する問題が出題された。左側の壁をたどりながら進んで，この迷路の解を得ることをセル平面で実現するためには散乱壁に対する移動セルの動きを定義しなおす必要がある。図8のように迷路を散乱壁を用いて設定する。

この解を与えるセル移動を記述した関数は次のようになる。（図9）

```
Function   meiromove (x,y,dx, dy)
Dim color As Integer
Dim i, rinji As Integer
   Selection.Interior.ColorIndex = xlNone
   rinji = dx
   dx = dy * (-1)
   dy = rinji
   For i = 1 To 4
     color = Cells (x + dx, y + dy) .Interior.ColorIndex
     If color = 1 Then '黒色
       rinji = dx
       dx = dy
       dy = rinji * (-1)
     Else
       x = x + dx
       y = y + dy
       Exit For
     End If
   Next i
End Function
```

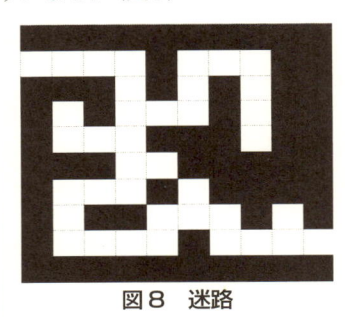

図8　迷路

図9　プログラム

さらに図10は複数個の移動セルによるシミュレーションの結果である。99個の移動セルそれぞれに散乱壁の属性をもたせて駅のプラットホームにおける人の動きをシミュレーションしたものと解釈すると，駅の昇降口をどこにいくつ設置すれば最も人の流れがスムーズになるかをシミュレーションすることが体験できる。この拡張は移動セルの個数を増やすだけであるからプログラムのアルゴリズムに影響するような変更は必要としない。

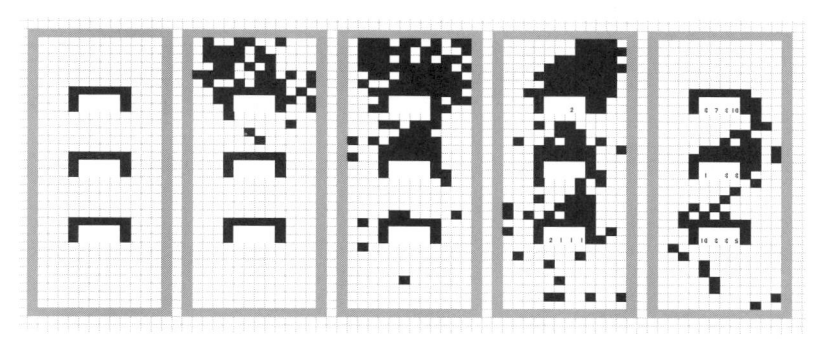

図10 シミュレーション結果

　このように関数を追加することで，新しい問題に対するモデル化を行うための手法を学習することが可能である。このとき，セル平面のシステムとしてはプログラミングの学習を主な目的とするものでないことを考慮すると，一つの関数の書き換えだけで移動規則が変更できるようにしておくことが望まれる。この部分をセル移動におけるインテリジェンスとしてカプセル化すれば様々なロボット制御のシミュレーションにも利用が可能である。

5．おわりに

　セル平面を利用したモデル化とシミュレーションは標準的機能が単純であるため，現実世界が持っている情報の取捨選択が重要となる。基本的な機能を組み合わせて抽象化された現象を如何にモデル化するかという力も要求される。生徒達の柔軟な発想によってこのシステムの利用方法がひろがることや，機能拡張によって対応問題の拡大を期待したい。

参考文献
・文部省「高等学校学習指導要領解説　情報編」，開隆堂出版，2000
・文部省「新教科「情報」現職教員等講習会　テキスト（2）」，2000
・岡本敏雄・山極隆「「総合的な学習の時間」の理論と実践・情報編」，実教出版，2000
・井上俊宏「Excel97VBAの応用70例」，ソフトバンク，1997
・William　Feller「確率論とその応用Ⅰ」，紀伊国屋書店，1960

5　FAXはどうやって情報を送っているのだろう？

実習番号	MS－5
具体的で正確な表現	物理モデルを教材に，モデル化とシミュレーションを行う。
必要な設備・環境	普通教室及びコンピュータ教室
使用するソフトウエア	言語処理プログラム
単元	情報B（3）ア
目標	FAXの基本的な原理を知る。
配分時間	6時間
実習をするために必要な予備知識やスキル	プログラミング（配列及びファイルの読み込み）
その他（環境・教材）	特になし

1．（1時間目）FAXの基本的な原理を理解しよう！

時間経過	教師の行動／「教師の発言」	生徒の行動等
授業開始	別紙【資料1】のような用紙を配布し，「FAXは，紙に描かれた情報をどのように相手に送信するか，10分間考えてみよう。」と発言する。必要以上なヒントは出さないように注意する。 ヒント：紙は白，字は黒である。	
5分経過		生徒は，先生の指示により考え始める。
15分経過	10分経過後，何人かの生徒を指し，考えを聞く。生徒の考えを否定しないように，考えを聞いていく。	
30分経過	15分程度，生徒の考えを聞いた後，FAXの基本的な原理を説明する。 「FAXは，紙に描いてある情報を読み取るには，まずは，紙を格子状に分割します。」と図示しながら説明する。	

	開隆堂（格子状の図）	
	「次に，格子を例えば上部左上から順に読み取っていきます。このとき格子が白なら"0"，黒なら"1"とします。また，"0"と"1"の判断は，格子内が半分以上黒であれば"1"とします。」と図示しながら説明する。 1行目：0000000000000・・・0000 2行目：0000000000000・・・0000 3行目：0000000000000・・・0000 4行目：0001111011110・・・0000 5行目：0001001010010・・・0000 「この，"0"と"1"の情報を順次送信し，受信側は，"0"と"1"の情報を"白"と"黒"に変換して紙に印刷します。」と説明する。	
1時間目終了	「次の時間までに，配布した紙に格子を描き，それをもとにノートに"0"と"1"を書いてきましょう。」と指示をする。	

【資料1】

開隆堂
情報B

5 FAXはどうやって情報を送っているのだろう？

2．（2時間目）モデル化の要因を考えよう！

時間経過	教師の行動／「教師の発言」	生徒の行動等
授業開始	「前回は，配布した紙を格子状に分割して，"0"と"1"に読み取りました。それでは，1行はいくつの格子になっていますか？」	
		生徒は，格子の数を数える。
5分経過	数人の生徒を指し，格子の数を答えさせる。「この格子の数は，何を意味するでしょうか？10分程度考えてみましょう。」と発言する。	
10分経過		生徒は先生の指示により，格子の数が意味するものを考え出す。
20分経過	何人かの生徒を指し，考えを聞く。生徒の考えを否定しないように，考えを聞いていく。	
		ここまでの段階で，格子の数の意味するもの，格子の数が多いほど，解像度が高いことに気づく。
30分経過	ここで，次のような課題を与える。「格子の数が多いということは，容量も大きくなり，送信にも時間がかかるということを理解できると思いますが，それでは，<u>次の2点</u>をもとにモデル化のための要因を考えてみよう。」と発言する。 　1　受信した画像が，もとの状態により近くなるようにする。 　2　送信する容量をできるだけ少なくする。 机間巡視を行い，生徒の考えを把握する。	
		生徒は先生の指示により，モデル化の要因を考え始める。
-2時間終了-	次の時間に，モデル化のための要因を確認することを伝え，授業を終了する。	

3．（3時間目）手作業でシミュレーションしてみよう！

時間経過	教師の行動／「教師の発言」	生徒の行動等
授業開始	前回までの内容を復習する。	
10分経過	1 受信した画像が，もとの状態により近くなるようにする。 2 送信する容量をできるだけ少なくする。 モデル化のための要因について，何人かの生徒を指し，答えさせ，要因を整理する。	
20分経過	**モデル化のための要因** 1　格子の細かさ 2　白黒の並びの数え方 格子が細かいほど，もとの画像を再現できることに気づかせ，別紙【資料2】のような用紙を配布し，「どのように，白黒の並びを数えると，データ送信するデータの容量が小さくなるか考えてみよう。」と発言し，生徒に検討させる。	
	机間巡視を行い生徒の状況を把握する。 生徒の状況を把握しながら，徐々にFAXで送信する用紙のほとんどが，両端が白であることに気づかせる。	生徒は先生の指示により，白黒の並びの数え方を考え始める。
40分経過	「FAX用紙の両端が白であるということは，読み取り開始の色は白ですね。ということは，白がいくつ連続し，次に黒がいくつ連続する。同様に繰り返され，最後に白がいくつ連続する。という並びになります。」と発言し，【資料2】の3行目等を実例として説明する。	
-1時間終了-		

各行の「白黒の並びの数え方」の例

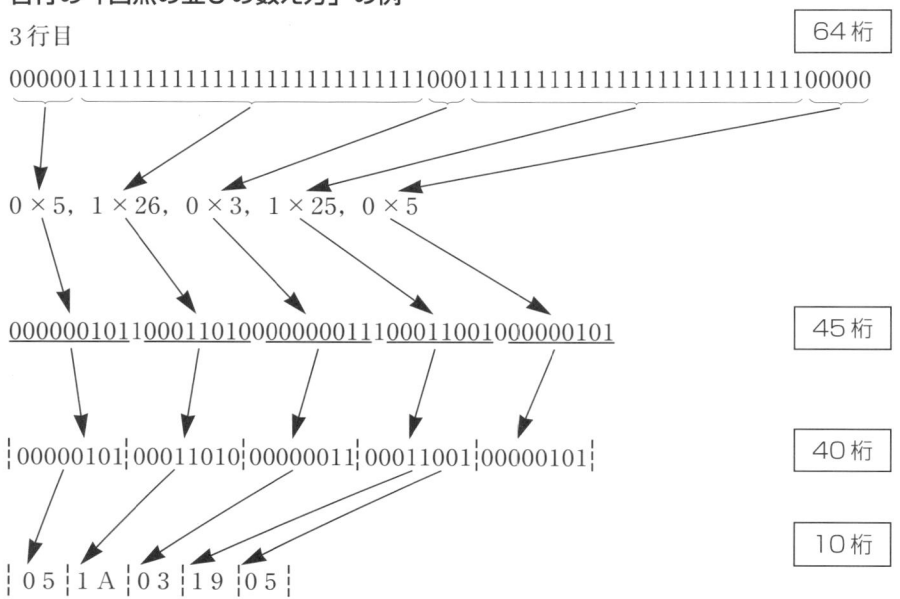

3行目 　　　　　　　　　　　　　　　　　　　　　　　　　　　　　64桁

00000111111111111111111111111000111111111111111111111111100000

$0 \times 5, \ 1 \times 26, \ 0 \times 3, \ 1 \times 25, \ 0 \times 5$

　　　　　　　　　　　　　　　　　　　　　　　　　　　　　　45桁

000000101 100011010 00000011 00011001 00000101

　　　　　　　　　　　　　　　　　　　　　　　　　　　　　　40桁

¦00000101¦00011010¦00000011¦00011001¦00000101¦

　　　　　　　　　　　　　　　　　　　　　　　　　　　　　　10桁

¦ 05 ¦ 1A ¦ 03 ¦ 19 ¦ 05 ¦

【資料2】

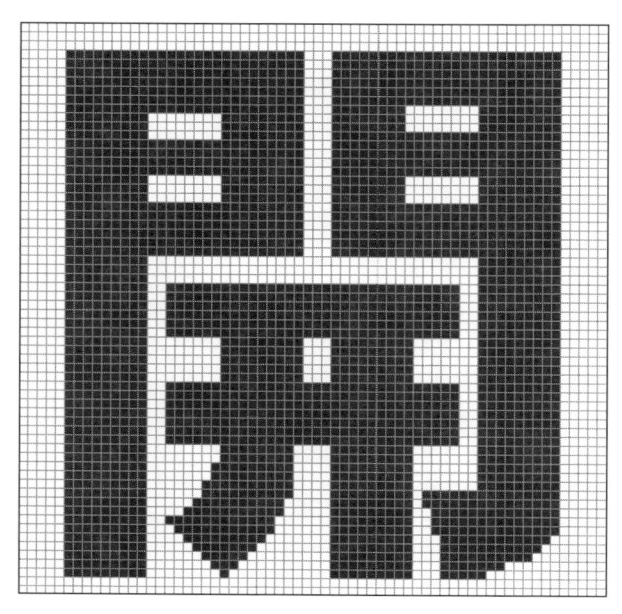

4.（4〜6時間目）コンピュータを使ってシミュレーションしてみよう！

時間経過	教師の行動／「教師の発言」	生徒の行動等
授業開始	前回までの内容を復習する。	
	説明をもとに【資料2】の用紙を実際に，処理させる	
	机間巡視を行い生徒の状況を把握する。	生徒は先生の指示により，作業を開始する。
	終了した生徒から順に，【資料3】のようなデータを配布し，プログラムにより処理させる。	

【資料3】

```
00000000000000000000000000000000000000000000000000000000000000
00000000000000000000000000000000000000000000000000000000000000
00000111111111111111111111111110001111111111111111111111100000
00000111111111111111111111111110001111111111111111111111100000
00000111111111111111111111111110001111111111111111111111100000
00000111111111111111111111111110001111111111111111111111100000
00000111111111111111111111111110001111111111111111111111100000
00000111111111111111111111111110001111111111111111111111100000
00000111111111000000000111111110001111111000000000111111100000
00000111111111000000000111111110001111111000000000111111100000
00000111111111000000000111111110001111111000000000111111100000
00000111111111111111111111111110001111111111111111111111100000
00000111111111111111111111111110001111111111111111111111100000
00000111111111111111111111111110001111111111111111111111100000
00000111111111111111111111111110001111111111111111111111100000
00000111111111000000000111111110001111111000000000111111100000
00000111111111000000000111111110001111111000000000111111100000
00000111111111000000000111111110001111111000000000111111100000
00000111111111111111111111111110001111111111111111111111100000
00000111111111111111111111111110001111111111111111111111100000
00000111111111111111111111111110001111111111111111111111100000
00000111111111111111111111111110001111111111111111111111100000
00000111111111111111111111111110001111111111111111111111100000
00000111111111000000000000000000000000000000000111111111100000
00000111111111000000000000000000000000000000000111111111100000
00000111111111000000000000000000000000000000000111111111100000
00000000000000000000000000000000000000000000000000000000000000
00000000000000000000000000000000000000000000000000000000000000
```

5　FAXはどうやって情報を送っているのだろう？

6　考えることの楽しさを知ろう！

実習番号	MS－6
具体的で正確な表現	情報処理の手順（整列のアルゴリズム）
必要な設備・環境	普通教室
使用するソフトウエア	道具：トランプ
単元	情報B（2）イ
目標	自分の力で，問題を解決できるようにする。
配分時間	5時間
実習をするために必要な予備知識やスキル	特になし
その他（環境・教材）	普段からのHR活動が重要

　プログラミング（アルゴリズム）の学習は，問題解決能力を育成するためのもっとも有効な教材であるといえる。どのような能力を育成したいのか，その目的により，指導（教授）方法が異なることになる。以下に，「手法の理解」「発想・閃きの重視」の2つの目的を示すが，この2つを組み合わせて授業を展開することにより，生徒の問題解決能力がより育成されることになる。

1．手法の理解

　手法を理解させることが目的であれば，その手法を図など用いて，分りやすく説明し，その手法を利用する例題や課題を体験的に指導するなどの指導（教授）方法が考えられる。手法を理解し，自分のものとなれば，手法は手法として一つの部品となり，その部品は他の多くの部品と連携することにより，大きな機能・役割を果たすことになる。

2．発想・閃きの重視

　発想や閃きを重視するのであれば，教え過ぎることなく，生徒の考えを尊重し，可能な限り待つことが重要である。

① **教え過ぎに注意する。**
　教え過ぎてしまうことにより，生徒に考える余地を与えず，教師の考えを押し付ける結果となり，発想や閃きを奪ってしまうことになる。

② **生徒の考えを重視する。**
　生徒の考えた方法（方向）で解を導き出すにはどうすればよいのかを教師自身が考え，必要によりアドバイスを行うようにする。アドバイスについても，教え過ぎず，段階ごとに最低限のアドバイスとなるように注意する。

③ **間合いに注意する。（待つ）**
　生徒が自分なりの考え方を導き出すためには，考えがまとまるまでの時間を提供しなければならない。しかし，ただ闇雲に待つのではなく，生徒の状況を机間巡視などにより，確認・把握しつつ，アドバイスを行うタイミングを待つことが重要である。

（1時間目）自分の力だけで考えてみよう！

時間経過	教師の行動／「教師の発言」	生徒の行動等
授業開始	「今日は，コンピュータを使わず，トランプを使った演習をします。トランプの模様は，どれでも構いませんから，A（エース）～K（キング）までの13枚のトランプを順不同で机に並べてください。」と発言する。	教師の指示に従い，トランプを机に並べ始める。
	生徒がトランプを並べ終わるのを待つ。	全員がトランプを並べ終わる。
	「それでは，A（エース）は1，J（ジャック）は11，Q（クィーン）は12，K（キング）は13として，トランプを小さい順に並べ替えてください。 ただし，2つの約束を守ってください。1つ目は，並べ替えるために，ある一定のルールを決めて，そのルールを守って並べ替えるようにしてください。2つ目は，本やインターネットなどで調べたり，人と相談をしたりしないで，自分だけの力で考えてみてください。」と発言する。	

6　考えることの楽しさを知ろう！

10分経過	必要以上の情報を与えず,机間巡視を行い,生徒一人一人の状況を把握する。必要により,状況に合わせたアドバイスを行う。	適当にトランプを動かしだす。 中には,考え込んだりする生徒もいる。
	「終わった人は,手をあげて先生を呼んでください。」と発言する。	手があがる。
	生徒の机に向かい,実際にトランプを並べ替えさせる。	
	一定のルールを守ってトランプが並べ替えられているようであれば,「トランプの比較回数を少なくするにはどうすればよいか考えてみよう。」と発言する。	
	机間巡視を続け,生徒一人一人の状況を把握する。	
45分経過 1時間目終了	「あと少しで,授業が終わりますが,次の時間まで,2つの約束を守ってください。自分の考えた方法を,友達に教えたりしないようにしてください。また,終わった人は,トランプの比較回数をできるだけ少なくするにはどうすればよいか考えておきましょう。」と発言する。	

(2時間目)自分の考えを発表しよう!

時間経過	教師の行動/「教師の発言」	生徒の行動等
授業開始	「それでは,前の時間に考えた方法をもう一度確認してください。」と発言する。	各自確認を行う。
	机間巡視を行い,生徒一人一人の状況を把握する。必要により,状況に合わせたアドバイスを行う。	グループ内での説明が始まる。
10分経過	「それでは,グループ(6人程度)になって,一人ずつ自分の考えた方法をグループの人に説明してください。」と発言する。	
	机間巡視を行い,グループごとの状況を把握する。	
30分経過	「全員の説明が終わったら,意見交換をしてみましょう。」と発言する。	
45分経過 2時間目終了	「あと少しで,授業が終わりますが,グループ内の意見を参考に,自分の考えた方法を,整理しておきましょう。」と発言する。	

（3時間目～4時間目）自分の考えを整理し，発表用資料を作成しよう！

時間経過	教師の行動／「教師の発言」	生徒の行動等
授業開始	別紙【資料】のような用紙を配布し，「これまでに考えた方法を整理して，流れ図（フローチャート）にしてみよう。」と発言する。	
	机間巡視を行い，生徒一人一人の状況を把握する。必要により，状況に合わせたアドバイスを行う。	各自作成を開始する。
4時間目終了	流れ図が書き終わった生徒から順に，ワープロやプレゼンソフトにより，発表用資料を作成させる。	

（5時間目）クラス内で発表しよう！

時間経過	教師の行動／「教師の発言」	生徒の行動等
授業開始	生徒が作成したプレゼン資料をもとに，クラス内発表会を行う。可能な限り，自発的に，多くの異なる考えの生徒に発表させるようにする。また，発表に際しては，生徒の考えを否定せず，コメントを付ける努力を行う。	
5時間目終了		

※このような授業・演習を行った後，教科書にある「選択法」や「交換法」などいくつかの手法（アルゴリズム）を照会し，実際にプログラミングさせる。

【資料】

タイトル	整列のアルゴリズム
作成年月日	平成　年　月　日（　）
作成者	年　　組　　番　氏名

問題解決のためのルール
1
2
3
4
5

（はじめ）

6　考えることの楽しさを知ろう！

7 コンピュータに命令しよう!

実習番号	MS－7
具体的で正確な表現	アルゴリズムの基礎
必要な設備・環境	パソコン（インターネット，LAN接続不要）
使用するソフトウエア	表計算ソフト（商品名：Microsoft Excel）
単元	情報B（2）ウ
目標	表計算ソフトのマクロを使用し，「モデル化とシミュレーション」のプログラムを理解し，自分で作成できる技術を習得する。
配分時間	6時間
実習をするために必要な予備知識やスキル	Microsoft Excelの基本的な操作

1．はじめに

(1) コンピュータについて

　コンピュータを擬人化してイメージを考えさせる。
　「コンピュータってどんな人間かな？」と発問して考えさせる。

　［計算が速い，計算が正確，真面目，文句を言わない，一度言われたことは忘れない，飽きずに黙々と仕事をする，等の答えが予想される。］

　聞いた内容を板書していく。［おそらくポジティブなイメージが多いのではないかと思われる。その場合は，少し補足して，ネガティブなイメージについてもないか考えさせる。感情がない。融通が利かない。仕事を頼むときは，その手順を細かくきちんと伝える必要がある。等の内容が出てきたら最高である。出なければ，こちらで補足する。］

　その後，コンピュータに与える仕事（命令）の手順をまとめたものがプログラムであるということを確認させる。

「コンピュータは，あらかじめ与えられたプログラムに基づいて，速く，正確に，黙々と仕事をこなす。ただし，プログラムがいい加減なものだと，途中で止まったり，間違った答えを出したりする。」といった趣旨のことを整理しておく。

(2) アルゴリズムについて

アルゴリズムについて考える際，「朝起きてから学校へ行くまでの一連の仕事」や「○○へ行くための方法の決定」等，普段自分達がなにげなくこなしている仕事についてまとめさせる。

［このとき，一連の手順のほかに，周囲の状況によって判断をする部分が出てくることを理解させる。］

フローチャートについて説明し，先にまとめた仕事内容を図示させてみる。
次に，エアコンの温度制御等の例を図示させ，センサーから得た情報をもとに判断を繰り返しながら，一定の温度を保っていることを理解させる。

［これらのことをするなかで，アルゴリズムには，一定の定石のようなものがあることに気付かせる。］

(3) プログラムについて

フローチャート等で表されたアルゴリズムをコンピュータに伝えるために，プログラミング言語が存在し，機械語，アセンブラ，FORTRAN，COBOL，BASIC，C言語，Java等があることを説明しておく。また，それぞれ実行環境（コンパイラ等）が必要であることも伝える。

そして今回は，最近のパソコンであればほぼインストールされているExcelのVBAの機能を使ってプログラム学習をすることを伝える。

2．Excel VBA

先にいろいろなアルゴリズムを考えさせるのも大事であるが，生徒が結果がすぐ分かるという点で，教師の与えたアルゴリズムを基に簡単なプログラムを作らせて実行させてみて，操作に慣れさせ，興味を引くということが大事であると考える。

(1) 起動

［ツール］→［マクロ］→［Visual Basic Editor］を起動する。
［挿入］→［標準モジュール］でプログラム入力の準備をする。

［マクロの記録を行わせ，それを表示させるという方法も考えられる。］
［オートシェイプで図を描き，右クリックでマクロの登録をし，それをクリックして実行させるようにすると手軽である。］

(2) セルを指定する関数

Range（）関数とCells（）関数を用いてセルを指定できることを教える。
「○○セルの内容を□□セルにコピーしなさい。」
「●●セルと■■セルの値を加算して△△セルに結果を入れなさい。」
等の簡単なプログラムを作成させる。
［あらかじめプログラムにおける「＝」の意味を教える必要がある。］

(3) 変数

変数の宣言方法と型について説明する。

［整数型で宣言した変数に5を代入し，2で割った結果をセルに出力して，整数型の特徴をつかませることが大事である。場合によっては，2進数で示すことも必要である。］

3．構造化プログラミング

［順次］・［選択］・［繰り返し］の3つの基本構造の組み合わせで全ての構造が表現できるということを教える。
また，［入れ子］構造をとることによって，最後に分岐した線が最初に結合するという原則をとったほうが分かりやすいことを説明する（**図1**）。
「○○セルに入力してある西暦をもとに，その年がうるう年であるかそうでないかの判定をしなさい」等の問題を出してフローチャートを考えさせ，それをもとに，プ

ログラミングをさせる。

［インデント（字下げ）をしっかりつけさせる習慣をつけたほうがよい。］

4．トレース

プログラムを作成するにあたっては，変数の内容の変化を追いかけることが非常に重要である。簡単な繰り返しの

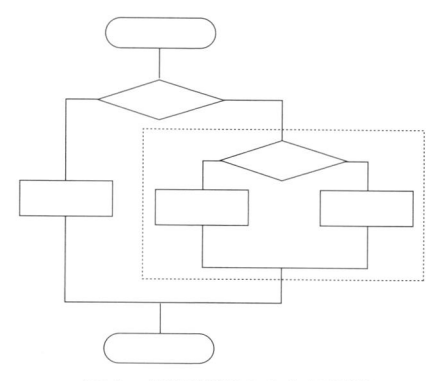

図1　選択構造の入れ子構造

プログラムを作成させた後，変数の値を適宜出力するように変更させ，自分のイメージ通りに変数の中身が変化しているかを確認させる。

［For　Next文で変数iの値を1から10まで変化させたとき，ループを抜けたときの変数iの値は11となることを確認させる。］

［足し込みのプログラムで，足される変数Sの値の変化を観察させる。］

5．演習

それぞれのアルゴリズムにおける注意点を演習しながら説明する。
変数宣言をきちんと行わせるとともに，そのトレースをしっかりするように注意を促す。

(1) 合計，平均，最大値，最小値

合計の計算をするとき，足し込みの初期値を0クリアする。
平均の計算をするとき，整数型同士の割り算はしない。
最大値，最小値は比較するための初期値の設定に注意。

［余裕があれば，標準偏差や偏差値も求めさせる。］

(2) バブルソート

2つの変数の値を交換する際は，第3の変数を介して行う。
　昇順・降順に並べる際のif文の条件式の書き方。
　比較回数のチェック。

(3) 探索

　線形探索，二分探索の特徴を理解させてからプログラミングさせる。
　比較回数のチェック。
　アルゴリズムの比較。
　目的のデータが見つからなかったときの処理方法。

6．おわりに

　アルゴリズムを考えさせる場合の筆者の方法
① 問題を熟読させ，入力データ，出力データを確認させる。
② 黒板に使用する変数を書き出し，型と目的を発問して記入する。
③ 変数間のデータのやり取り，変数の値の変化をトレースさせる。
④ ノートにフローチャートを書かせる。
　　　　［オートシェイプ等を使ってパソコンで作成させてもよい。］
　　　　［慣れている生徒に関しては頭の中で書かせる。］
　　　　［机間巡視をしてある程度できたのを見計らい，ミスを指摘する。］
　　　　［問題によっては予め作成しておいたフローチャートを提示する。］
⑤ フローチャートをもとにプログラミングさせる。
　　　　［一度に作るとデバッグが大変なので，骨の部分から作成させる。］
⑥ デバッグの際は，変数の値を出力させてトレースをしながら，プログラムを追いかけさせる。また，早くできた生徒を使い，指導に当たらせたりするのもよい。
⑦ 正答例を提示する。

参考文献

・文部科学省「平成14年度　新教科「情報」現職教員等講習会テキスト（1）（2）」，2002

⑥ 情報倫理とセキュリティ

1 自分の身を守るために

実習番号	IE－1
具体的で正確な表現	個人情報と他人情報
必要な設備・環境	一般の教室
使用するソフトウエア	なし
単元	情報活用のルールとマナー
目標	情報通信ネットワークで情報を共有する場合，守らなければならないルールと，身につけておかなければならないマナーについて学ぶ。人には誰にも知られたくないことがある。これらを互いに侵すことなく尊重し合うことが，個人の尊厳を確保し，日常生活を円滑に行う上で大切である。ここでは，個人情報の保護について学ばせる。
配分時間	情報活用のルールとマナー（9時間） 1節　個人情報と他人の情報　　　　　　　3時間 　　1　個人情報と他人の情報　　　　　　1時間（本時） 　　2　プライバシーを考えよう　　　　　2時間 2節　情報価値と知的財産権　　　　　　　3時間 　　1　情報の価値　　　　　　　　　　　1時間 　　2　著作権　　　　　　　　　　　　　1時間 　　3　情報の信頼性　　　　　　　　　　1時間 3節　情報社会で生きていくために　　　　3時間 　　1　コンピュータ犯罪　　　　　　　　1時間 　　2　実体験の欠乏と対人関係の変化　　1時間 　　3　健康問題　　　　　　　　　　　　1時間
実習をするために必要な予備知識やスキル	特になし
その他（環境・教材）	授業の中ではできるだけ新しいネット上の問題に関する新聞記事等の題材を準備し，生徒の注意をひく必要がある。

1．生徒観

　携帯電話の所持率やインターネットの接続環境の進展により，高校生にとってネットワーク上の情報活用の場面は有意義なものである反面，様々な危険を引き起こす可能性をもったものでもある。ここでは生徒自身の従来からの知識が曖昧で断片的なものであることを認識し，情報化社会で生きていく上で必要な知識と態度とはいかなるものかを理解させる。

2．教材観

　「情報化の光と影」への対応は，まず，社会生活の中で情報や情報技術が果たしている役割や及ぼしている影響を理解することから始まる。授業教材においても具体的な日常生活の問題点を示したり，グループ内やクラス内で討議を行いながら道徳性の涵養も併せて図りたい。

3．指導観

　インターネット等の活用では，有害情報等を含めた情報が不特定多数の人に閲覧される。また，このような情報は顔の見えない，また相手がどのような人かわからないといった匿名性，覆面性をもっており，使用者が罪悪感を実感しにくいとも言われている。さらに，不正アクセスなどの不法行為の危険性がある。したがって，情報社会には，より高い判断力やモラル，責任が必要であることを認識させたい。

4．本時案

① 題材：個人情報と他人の情報
② 本時の目標：情報社会の中ではプライバシーなどをめぐる様々な問題が生じてきていることを認識する。個人情報の保護については，無断で開示するなどして他人のプライバシーを侵害しないことや，自分の個人情報が目的外に利用されるなどの例があることを知り，被害の予防のためにはむやみにプライバシーを開示し

ないことなどを認識する。

	学 習 活 動	指 導 内 容	評価・備考
導入	・現代社会においてプライバシーなどをめぐる様々な問題が生じていることを認識する。 ・ネットワークを利用した事件・事故等の新聞記事を読む。	・個人情報と他人情報を学ぶことが情報社会を生きていく上で非常に大切なことであることを理解させる。 ・新聞記事を読み，ネットワーク上の事件・事故が自分自身の身の回りでも起こりうると考えさせる。	・現代社会において様々な問題が生じていることに気づいているか。（関心・意欲・態度） ・新聞記事の事件・事故が決して他人事でないことに気づいているか。（関心・意欲・態度）
展開	・個人情報および他人情報には具体的にはどのようなものがあるかを考える。 ・個人情報や他人情報を発表する。 ・情報漏洩等の新聞記事を読み，情報が漏れるとどんなことになるかを考え発表する。 ・それでもなぜ情報が漏れていくのかを考え，発表する。 ・ネット上の情報は匿名性と覆面性をもち使用者が罪悪感を実感しにくいことを認識する。 ・情報に対する向き合い方を従前とこれからについて考える。	・個人情報および他人情報には具体的にはどんなものがあるか考えさせる。 ・個人情報及び他人情報とを発表させ黒板に板書する。 ・情報漏洩等の新聞記事を配布し読ませ，情報が漏れるとどんなことになるかを考えさせ，発表させる。 ・それでもなぜ情報が漏れていくのかを考えさせ，発表させる。道徳性（モラル）に及ぶように配慮する。 ・ネット上の情報は匿名性と覆面性をもち使用者が罪悪感を実感しにくいことを認識させる。 ・情報に対する向き合い方を従前とこれからについて考えさせる	・個人情報および他人情報とはどんなものかを考えられたか。（思考・判断） ・個人情報及び他人情報を認識する。（知識・理解） ・自分自身の情報を保護するということは他人情報を尊重することであることも併せて認識させる。（知識・理解） ・知識だけではなく高いモラルが必要であることを認識させる。（思考・判断・理解） ・ネット上の情報は匿名性と覆面性をもち使用者が罪悪感を実感しにくいことを認識できたか。（知識・理解） ・情報に対する向き合い方が理解できたか。（知識・理解）
まとめ	・本時のまとめをする	・本時の学習のポイントを確認する。	・学習内容を振り返ることができたか。（意欲・態度） ・本時の内容を理解できたか。

＜本校生徒が答えた個人情報と他人情報＞

個人情報

　知られても仕方ないこと

　　　氏名　年齢　生年月日　性別　職業　職場

　知られたくないこと

　　　住所　電話番号（携帯電話含む）e-mailアドレス　生年月日　家族のこと

　　　身長・体重等身体情報　資産　交友関係　血液型　趣味　家柄　学校名

　　　カードの暗証番号　ネットワークログオンID　宗教　戸籍

　　　ボーイフレンド・ガールフレンドのこと

他人情報

　個人情報と全く同じでした。

2　あれっ　このメールは大丈夫？

実習番号	IE－2
具体的で正確な表現	電子メールに関する情報モラル
必要な設備・環境	パソコン　電子メールが送受出出来る環境
使用するソフトウエア	電子メールソフト
単元	情報A　情報の収集・発信と情報機器の活用 情報B　情報を支える情報技術 情報C　情報通信ネットワークとコミュニケーション
目標	電子メールの正しい理解とモラルの考え
配分時間	3時間
実習をするために必要な予備知識やスキル	特になし
その他（環境・教材）	モラル指導はこの単元だけで終わらせないこと。

1．あれっ　このメールは大丈夫？
（電子メールのエチケットおよび不正メールについて）

　この実習は，おもに電子メールを通じて，情報モラルについて理解させることを目標としている。電子メールは，誰もが気軽に扱える「便利な道具」となったが，反面「チェーンメール」や「メールウィルス」などモラルを問われるものまで出現している。したがって，電子メールを通じた「情報モラル」について理解させ，あわせて「迷惑メール」について，実習を通じて，生徒たちに考えさせることとする。

　　・用意するもの　　チェーンメール（教師側で作成）

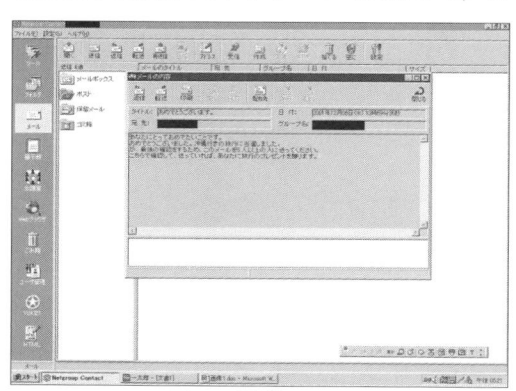

図1　迷惑メール

```
内容 （チェーンメール）
あなたにとっておめでたいことがあります。
おめでとうございます。あなたは抽選により当選いたしました。
ただし，当選の確認を行いますので，このメールを5人以上の方に送って下さい。
確認後5万円相当の旅行券をあなたにお送りいたします
```

2．授業の流れ（フローチャート）

導入	（1）コミュニケーションとしての電子メール （2）電子メールの正しい使い方（利用法・表記法など）

↓

展開	（3）実際の利用 （4）不正メールの判断

↓

まとめ	（5）電子メールを通じて…… 　　　良い点・問題点を上げ，討議と発表

3．具体的な授業の流れ

導入	（1）コミュニケーションとしての電子メール （2）電子メールの正しい使い方（利用法・表記法など）

　はじめに，電子メールがコミュニケーションツールのひとつであることや，どのような場面で活用しているかを生徒に説明する。また，エチケット（ネチケット）についても触れ，「ルール」として，「やってはいけないこと」を必ず説明する。

展開	（3）実際の利用　　　　　＜実習＞ （4）不正メールの判断　　＜実習＞

　次に，教師が説明した表記法をもとに，生徒に自由にメールの送受信を体験させる（**ただし，イントラネット上で行うこと**）。ある程度メールの送受信を体験した段階で，「教師側」から迷惑メールを発信し，教師側のコンピュータから「モニタリング」または「机間巡視」を行い，生徒の反応を見る。例えば「チェーンメール」が発信された場合，生徒が他の生徒に転送しているかなどをチェックしておく。

まとめ	(5) 電子メールを通じて…… 良い点・問題点を上げ，討議と発表

まとめとして，電子メールの利点や問題点，「迷惑メール」などの問題点について，3人以上のグループを作り，「話し合い（グループディスカッション）」をさせる。次に話した内容を「ディスカッションシート」に記入する。

```
┌─────────────────────────────────────────────┐
│ ディスカッションシート              情報科  │
├─────────────────────────────────────────────┤
│ 平成   年   月   日    時間目（  年   組） │
├─────────────────────────────────────────────┤
│ グループ名                                  │
│                                             │
├─────────────────────────────────────────────┤
│ メンバー                                    │
│                                             │
├─────────────────────────────────────────────┤
│ 受け取ったメールの内容は                    │
│                                             │
├─────────────────────────────────────────────┤
│ なぜ，このようなメールが出回っている？      │
│                                             │
├─────────────────────────────────────────────┤
│ これからどのようなことをしなければならないか？│
│                                             │
└─────────────────────────────────────────────┘
```

図2　ディスカッションシート

グループごとにディスカッションシートが完成したら，発表会またはイントラネット上で提示させ，全員でこの問題を考えてみる。グループウェアなどのメールソフト等では「掲示板」等の機能があるので，それらを活用しながら全体で考えることが必要である。特に，指導方法として，今までの「〜やってはいけない」といった教師の押しつけ型から，体験によって生徒が自ら考える型の指導方法を行うことによって，「情報モラル」の指導が始まることと考えている。

なお，この「情報モラル」は，一単元のみ教えるのではなく，あらゆる場面で生徒に問題提起することが大切である。

3 あれっ　私が写っている！？

実習番号	IE－3
具体的で正確な表現	情報モラル　「著作権」の指導
必要な設備・環境	パソコン（なくても可能）
使用するソフトウエア	ブラウザ
単元	情報A　情報の収集・発信と情報機器の活用 情報B　情報を支える情報技術 情報C　情報の収集・発信と個人の責任 専「情報」情報産業と社会 （1）情報化と社会
目標	「著作権」についての正しい理解
配分時間	3時間
実習をするために必要な予備知識やスキル	「著作権」について

1．あれっ　私が写っている！？
（ホームページを通じた著作権などの学習）

　ネットワークの普及により，個人・企業・学校等で，工夫を凝らしたWebページが盛んに製作されている。しかし，製作にあたりよく考えてなければならないのが「著作権」をはじめとした，様々な「権利」の保護である。特にこの点において，高校生をはじめとした多くの大人が理解していない点があり，個人で作成したWebページにおいて，「著作権の侵害」で報道されたニュースを見ることがある。そこで，「情報モラル」を指導する際，「著作権」をはじめとした権利等について，理解させておく必要がある。

　実習課題では，インターネット上に公開されている「ある人のWebページに自分の写真とコメントが公開されている」ことについて取り上げた。なぜ，身覚えのない人に自分の写真や文章が使われたのか。プライバシーの侵害もあるが，大きくは「著作権」（写真掲載は「肖像権」も加わる）の問題である。

　特に「著作権」については，音楽著作権やプログラム等の不正コピーによる「著

作権の侵害」で，高校生が巻き込まれるケースも増加している。特に，インターネット上での「著作権」について，正しい理解をさせるとともに，身の回りについての「著作権」について考えさせる場面の必要である。

2．実習の流れ

課題内容の提示（課題内容）

　あるWebページをのぞいていたら，偶然にも「Aさん」の顔写真が掲載されており，本人のコメントなる文章も掲載されていた。本人に電話をしたところ，そのことは全く知らず，写真を写されたことやコメントを話したことは全くないという。また，このページを作成した人も全く知らないということである。

図1　Aさんが見たWebページ（ここでは，写真は削除した）

考察問題の提示

　次の考察問題の提示し，個人またはグループで話し合いをして考える。

> ① なぜ，このような問題が発生したか？
> ②「権利」って何だろう？
> ③ 写真や音楽のコピーっていけないの？
> ④ カメラ付き携帯電話で写した画像はどうなるの？

誰もが持っている「権利（著作権）」について

　この問題で必ず触れなければならないのが「著作権」についての理解である。情報倫理や情報モラルの指導において必ず取り上げなければならない項目である。また，指導方法として，教師側が一方的に説明するのではなく，例示問題や「著作権」に関するWebページなどを参考にしながら，生徒が主体的に調べることが大切である。**例示問題として，写真・画像の複写，音楽の複写や演奏，書籍等の複写**，など，普段高校生が何気なく行っていることについて，取り上げたほうがよい。

例示問題として（身近な例）	写真・画像の複写 音楽の複写や演奏 書籍等の複写 カメラ付き携帯電話の画像

「著作権はどんな場合に，…？」

　すべてのものが「著作権」に該当することにはならない。では，どのような場合「著作権」から外れるのであろうか。よくあるのが音楽著作権である。作曲者が死後50年を超えた場合，原則として著作権の保護から外れることとなっている。これは一例だが，この他に，「著作権」の例外として，どのようなものがあるかを，調べる作業も行うほうがよい（カラオケハウスで歌手のカラオケを唄った時も著作権は適用されている）。

まとめる・発表する

　生徒が，考え・調査した内容をレポートにまとめ，発表することが次のステップになる。まとめる内容として，教師側がポイントを提示し，生徒側がそれに基づいてまとめればよいと思う。なお，発表の形式としては，プレゼンテーションソフトの活用やイントラネット上のホームページを用いる方法，ポスターを使って説明する方法など，生徒の発表しやすい方法で行えばよい。いずれにせよ「生徒が著作権について理解し，悪意を持った使い方にならないようにすること」が重要である。

　「権利」については，今後重要視されることになる。まず教師が正しい理解を持って，生徒に教えることが大切である。

4 あなたの情報は安全ですか？

実習番号	IE－4
具体的で正確な表現	情報のセキュリティ
必要な設備・環境	ネットワーク型パソコンとスタンドアロン型パソコン
使用するソフトウエア	電子メールソフト
単元	情報A　情報の収集・発信と情報機器の活用 情報B　情報を支える情報技術 情報C　情報の収集・発信と個人の責任
目標	電子メールを通じて情報のセキュリティについて理解させる。
配分時間	4時間
実習をするために必要な予備知識やスキル	特になし

1．あなたの情報は安全ですか？（情報のセキュリティ）
　　（セキュリティに安全はない）

　この実習は，「情報のセキュリティ」について考えてもらう内容である。現在，世界の問題として，コンピュータウィルスを始めとした様々な問題が事件として発生している。例えば，コンピュータウィルスでは，電子メールの添付やWebページにアクセスしただけで，簡単にウィルスに感染してしまい，企業等では日常の業務に支障をきたす問題や個人上のデータが削除されたといった事件も発生している。これらは「悪意」を持たない限り起こることはない。いわば「情報の影」の部分である。

　このような事態にならないためにも「万全の防止策や予防策」，そして知識としてこのようなことが起こらないような「情報モラル」を深めることが必要である。現在は「ブロードバンド」の普及により，企業はもちろん家庭においても光ケーブルやADSLが引かれ，高速なネットワーク環境となり，インターネットも快適に接続できる環境になった。しかし，ネットワークの普及とともに「セキュリティ」についての知識が必要となった。特に「常時接続」を行っているところは「ファイアー

ウォール（防火壁）」を設置し，不正な情報の漏洩を防ぎ，「自分の情報は自分で守る」対策が必要である。これは家庭で常時接続を行っている場合も同じで，「パーソナルファイアーウォール」などを導入し，未然に情報の漏洩や踏み台にされるようなことを防ぐことが必要である。

　この実習では，これらの観点から，①セキュリティについての知識②不正なメールやウィルスについて③これらを起こさないためどのようなことを考えなければならないかなど，情報モラルとセキュリティについて生徒に考えてもらう課題である。

2．授業の流れ

導入	（1）セキュリティについて 　　不正アクセスやコンピュータウィルス等がもたらす影響を考える（被害例やコンピュータウィルスにかかったらどのようになるのかなど）。
展開	（2）実習A　コンピュータウィルスはこのようなもの 　　実習B　スパムメールってなに？
まとめ	（3）なぜ，このようなことが起きるのか。 　　また，これらを自分で防ぐためには，どのようなことを行う必要があるのか，情報モラルの必要性を理解させる。

3．具体的な流れ

導入	（1）セキュリティについて 　　不正アクセスやコンピュータウィルス等がもたらす影響を考える（被害例やコンピュータウィルスにかかったらどのようになるのかなど）。

　コンピュータ，特にネットワークに不正に侵入して，データの改ざんや他人の個人情報を利用した不正行為等は「不正アクセス禁止法」という法律によって，厳しく罰せられる。中学生や高校生も例外ではなく，むしろ若年層が加害者となるケースが多い。したがって，このことを理解させ，被害に遭わないようにするには日常

どのようなことが必要なのか，またこれらの行為は「絶対していけない」など，総合的に「情報セキュリティ」についての理解を深める指導が必要である。

展開	（2） 実習A　コンピュータウィルスはこのようなもの 実習B　スパムメールってなに？

　今回の実習では，実際に体験してもらうために，視覚や経験による理解を主な目的とした。

実習A　コンピュータウィルスはこのようなもの

　この実習では，事前に電子メール上の添付ファイル上でのコンピュータウィルスを用意しておき，この添付ファイルを開封することによって，コンピュータはどのような現象が発生するか，また，これらを起こさないための予防策を実習を通じて理解する（なお，この実習は「危険度」が増すので，充分注意をはらって行うこと）。

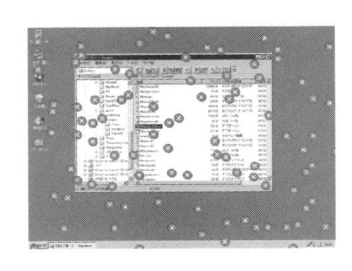

＜準備するもの＞
　（1） OSと電子メールソフトのみがインストールされているパソコン（旧式パソコンで充分です）
　（2） フロッピーディスクに入ったウィルス

＜確認すること＞
　（1） 使用するパソコンは，再インストール可能であること。（リカバリーディスク等が必ずあること）
　（2） スタンドアロンであること（絶対にネットワークにつながない）
　（3） 指導する教師の管理するもとで実習を行うこと

＜　方　法　＞
　いたって簡単。フロッピーディスクにある添付ファイルを開くだけです。（それだけで感染します。）

＜指導のポイント＞
　（1） 生徒に開封させること。
　（2） 開封したときに，コンピュータがどのような反応を起こすか，できれば，

プロジェクタなどに投影しながら行うのが理想。それが無理なら，コンピュータの周りに生徒を集合させる。
(3) このようなことが起きないためにも，日常どのような予防策をしなければならないかを考えさせる（電子メールソフトを活用して，①プレビュー画面の状態に設定しない。②あやしいタイトルがついていたらメール自体を読まない③ワクチンソフトの導入がなぜ必要なのかを考えさせる）。

実習B　スパムメールって何

　チェーンメールとともにスパムメールも問題となっている。いわば身に覚えのないメールが，次から次と送られてくることである。このスパムメールは，携帯電話を持っている人であれば，一度は経験しているはずである。しかし，これらのメールは，企業であれば日常の業務を妨害し，家庭においても，メールを読んで「返信」でもした時には，後から大量のスパムメールが送りつけられ，サーバの容量が限界となり，利用不可能となる。現実問題として，携帯電話のパケット料金の問題や，メールが送受信できないような社会問題にまで発展した。

　ここでの実習は，このようなスパムメールを実際に体験することによって，改めて正しいメールの利用法や，このようなメールを受信した時，どのような対処をすべきなのか，また不正利用によって，どれだけ多くの人が迷惑になるのかを考えさせながら理解する内容である。

＜実習のポイント＞
　擬似的なスパムメールを経験することによって，このようなメールの扱い方や，「してはいけないこと」などを理解させる。
＜準備するもの＞
　下記のようなメール　（メモ帳で作成する）
※同じようなメールを5本作成してください。（但しメールの内容は多少変えてください）

```
メールの内容例　タイトル　未承認広告　あなただけの特典
未承認広告　　あのアイドル○○○○のグッズを＊＊＊＊円で販売！
レアもの。買わなければ損！　限定20個　いますぐ****@***.ne.jpへ
今後この広告を希望しない方は，このメールごと返信してください。
```

4　あなたの情報は安全ですか？

<実習の方法>
(1) はじめに，前述のメールを全員に発信する。
(2) 生徒の受信が確認したら，返信するように指示をする。
(3) その後，5分間隔程度で，同じような内容のメールを5本送信する。

<教師の動き>
2度目のメールを送信したとき，どれぐらいの割合で返信されてくるか，記録をしておく。

<指導のポイント>
　これらのスパムメールが届いた場合は，「無視」することである。メールの内容を読むと「希望しない場合は返信してください」と記述している場合がほとんどだが，このとおり行うと，相手は「受信している」という確認が簡単にできてしまう。したがって，スパムメール地獄に陥ることになる。一番良いのが「無視」することであるが，メールソフトの仕分け機能やプロバイダーのオプション機能を利用すれば，これらのメールは事前に削除される。このような機能も活用しながら，スパムメールの「落とし穴」に引っかからないようにするための指導が必要である（特に携帯電話のメールに多いのが現状である）。

　なぜ，このような問題が起きるのか？また，なぜ，マナーやエチケットが大切なのかをこれらの実習を通じて理解させ，現実に問題となっているコンピュータトラブルについて，生徒が新聞や書籍，インターネットなどを利用して調べ，ネットワーク社会のセキュリティについて再認識させることが大切である。また，下記の例示問題にも触れ，「やってよいこと」と「やってはいけないこと」の善悪の判断を考えさせるとよい。

セキュリティに関する例示問題

・「不正アクセス」によるなりすまし
・違法サイトでの行為
・ネットストーカー
・掲示板への中傷問題

　「情報倫理」や「情報のセキュリティ」について，生徒が自ら考えて，調査し理解することで，ネットワーク社会に生きていく子供たちの未来にも大きく影響を与える項目であると考える。それと同時に，大人たちも正しい理解を持って，子供た

ちに教えていく義務もあるだろう。そうしない限り,「情報倫理」の問題はなくならないだろう。

　情報教育で「情報倫理」をいかに教えるか。永遠のテーマである。

「ネット社会の歩き方」を活用してみては・・・・

　これらの内容をまとめる教材として,「ネット社会の歩き方」というWeb教材が公開されています。これは,ネット社会についてのモラルやマナーを児童・生徒に理解させ,「正しい利用」について推進しており,教材も大変優れた内容です。アニメーション効果により,誰でも簡単に導入することができます。なお,教材はサーバにダウンロードし,イントラネット上でも利用が可能です。
（札幌平岡高校でも,情報モラルの学習に利用しています）
詳しくは　http://www.net-walking.net/　をご覧ください。

参考文献
- 文部科学省「高等学校学習指導要領解説　情報編」,開隆堂出版,2002
- 情報教育学研究会・情報倫理教育研究グループ
　　　「インターネット社会を生きるための情報倫理」,実教出版,2002
- 林　徳治・宮田　仁「情報教育の理論と実践」,実教出版,2002
- 赤堀侃司「教育工学への招待」,ジャストシステム,2002

4　あなたの情報は安全ですか？

- 久保田賢一・水越敏行「ディジタル時代の学びの創出」，日本文教出版，2002
- 大岩　元・橘　孝博・半田　亨・久野　靖・辰己丈夫
「情報科教育法」，オーム社，2002
- 「普通教科「情報」展開事例集」安藤明之他，一ツ橋出版，2002
- （Web）ネット社会の歩き方　IPA，CEC　Eスクエア・プロジェクト，2002

5 身のまわりに危険有り！

実習番号	IE－5
具体的で正確な表現	セキュリティ対策を考える
必要な設備・環境	パソコン（要インターネット接続）
使用するソフトウエア	ブラウザ
単元	情報A（4）ア
目標	コンピュータのソフト面（ウィルスチェック等）やハード面（ネットワークからの切り離し等）のセキュリティ対策だけでなく，ソーシャルエンジニアリングを学び，人間面（コンピュータを介さない）のセキュリティ対策について考えさせる。
配分時間	2時間
実習をするために必要な予備知識やスキル	インターネットでの検索

学習の流れ

1時間目	学 習 活 動	指導上の留意点
導入 (5分)	・セキュリティ対策（安全管理）で何を思い浮かぶかを考えさせる。	・コンピュータ面だけに偏らないように指導する。
展開 (40分)	・事例を示し，このような事例が他にもないか，インターネット検索で調べさせる。 ・事例をどんな種類に分類できるかを考えさせ，発表させる。また，検索した事例の種類も発表させる。 ・セキュリティ対策（安全管理）で何に気をつけるべきか考えさせる。	・ハード面の対策 ・ソフト面の対策 ・人間面の対策
まとめ (5分)	・人間面のセキュリティ対策について考えさせる。	・コンピュータ面のセキュリティ対策を考えがちだが人間面の対策も必要であることに気づかせる

事例1 データが不正アクセスで流出

　Webページで募集した懸賞のアンケートデータ（氏名や電話番号など）を保存

していたインターネットのサーバが不正アクセスされ，パスワードなしで誰でもWebページから閲覧できるように改変されていた。

事例2　記録したパソコンを紛失
C駅近くの駐車場で，車から現金や免許証とともに，個人情報が記録されたパソコンが盗まれた。パソコンには多人数の個人情報が記録されていた。

事例3　なりすましでデータ流出
兄の友人から電話で「至急連絡を取りたい」といわれ携帯の番号を教えた。兄に尋ねると「そんな友人はいない」といわれた。

2時間目	学習活動	指導上の留意点
導入（5分） 展開（40分） まとめ（5分）	・ハッカーの手口について ・ソーシャルエンジニアリング・ショルダーハック・バッファーオーバーフロー攻撃等々の種類について説明する。 ・ソーシャルエンジニアリングに話を絞り込んで話し合いをさせる。 ・ソーシャルエンジニアリング対策について考えさせる。	・コンピュータの知識は必ずしも必要ないことに気づかせる。

ハッカーの手口と攻撃経路
ハッカーはデータ更新，システム制御に端末からサーバにアクセスする作業などを盗み見したり，作業の痕跡を解析したりして，不正侵入の手がかりを得ることもある。ハッカーが目標のサーバを攻撃する場合，そこに直接接続すると簡単に突き止められてしまう。頭のいいハッカーは，サービス拒否を含め，いかなる攻撃も，自分自身のシステムからは仕掛けたがらないと言われ，複数のサーバを経由して攻撃をかける。そのうちの一台でも，通信記録が消去されれば，ハッカーの同定が不可能になるからである。また，店のデモマシンや，インターネットカフェのマシンを利用されると，ハッカーの同定は不可能に近い。

ソーシャルエンジニアリング
ハッカー&クラッカーの用いる手法の一つ。直訳は「社会工学」だが，これはあ

まり使われない。『ソーシャルされる』と動詞型でも使われる。悪意を持ったハッカーが不正アクセスのための情報を，技術的な手段を使わずに，関係者から引き出す手口。あるいは，人々から返事を引き出すことによって情報を集める能力。目的とする情報（多くはサーバーのパスワード）を入手するために，その情報を持つ人間に電話や対面で喋らせること。管理者たちがもっともだと信じるような理由を並べて説得する。

　電話で重要なパスワードを聞き出したり，ごみ箱をあさって機密情報（パスワード）を見つけるなど，一般に人間の心理的な弱点を突いて攻撃を仕掛ける手法の総称。誘導尋問やカマをかけるテクニックが使われ，自分には当然その情報を受け取る資格があるかのように振る舞って，標的にされた人物を思い通りに動かそうとする。

　成功するには，ハッカー自身が別人になりきって，自分はそのとき装っている人物なのだと自らに信じ込ませることが必要らしい。

（参考）2002年3月19日，CERT/CC は『IM や IRC でソーシャルエンジニアリングをされた』との複数の報告があったと発表。
(http://www2.nsknet.or.jp/~azuma/h/hack01.htm を参照)

6 匿名希望

実習番号	IE−6
具体的で正確な表現	チャットで話し合い問題解決
必要な設備・環境	パソコン（要ネットワーク）
使用するソフトウエア	チャットソフト (CHATTER MFC, Microsoft NetMeeting 等)
単元	情報A（1）ア
目標	倫理観（モラル，エチケット）やネチケットまたは日頃感じている疑問（校則等）についてチャットで話し合い，実名では出しにくかった意見を匿名性を利用して引き出せるようにし，よりよい話し合いで問題解決をする。
配分時間	1時間
実習をするために必要な予備知識やスキル	日本語入力ができること

1．学習の流れ（CHATTER MFCを使用し，「制服」について話し合う）

	学 習 活 動	指導上の留意点
導入 (5分)	・話し合う題材について説明する。 ・話し合いの仕方（※チャットソフトの使い方）の説明をする。 ・班と班長を決めるためのくじ引きをする。 ・各自会議室に入る	・チャットソフトの起動 ・誰がどの班になったか分からないよう留意する ・4班に分けるのが適当
展開 (40分)	・一般社会の制服をどう考えるかの話し合いをさせる。(20分) ・以下のような発問をし，話し合いが滞りなく進むように指導する。 「スチュワーデスの制服は？」 「警官の制服は？」 「警官は制服だけど刑事は私服　なぜ？」 「看護婦（看護士）は？」 「OLは？」 「事務職は制服だけど営業職は女性もスーツなんだけど…」…	・各班の話し合いの流れを把握し，適宜アドバイスを入れる

まとめ (5分)	・学校の制服についてどう考えるかの話し合いをさせる。 「本校の制服は？」 ・各班の班長にそのグループの話し合いがどんな内容だったかを発表させる。 ・チャットソフトは内容を保存をせずに終了させる。	・各チャンネルの内容を保存しチャットサーバを終了する。

2. 学習の流れ (NET MEETINGを使用し、「情報モラル」について話し合う)

	学 習 活 動	指導上の留意点
導入 (5分)	・話し合う題材について説明する。 ・話し合いの仕方（※チャットソフトの使い方）の説明をする。 ・班と班長を決めるためのくじ引きをする。 ・班長は会議室を立ち上げる ・班員は班長の立ち上げた会議室に入る	・誰がどの班になったか分からないよう留意する 4班に分けるのが適当
展開 (40分)	・掲示板での誹謗中傷や出会い系サイトでの事件等の事例を用意し，各自が読む。 ・事例の内容に沿って話し合いを進める。 ・班長が最初に書き込む。書き込む内容は話し合いのきっかけになるキーワードで，あらかじめプリントし事例といっしょに渡しておく。	・各班の話し合いの流れを把握し，適宜アドバイスを入れる
まとめ (5分)	・各班の班長にそのグループの話し合いがどんな内容だったかを発表させる。 ・班長は話し合った内容を保存し，また班長以外は内容を保存せずにネットミーティングを終了する。	

※チャットソフトの使い方
- CHATTER MFC（マイクロソフト社のVC付属のサンプルソフト）
  ① 教師機でchatsrvr.exeを起動する。
     channel（グループ（班）番号と一致させると便利）を指定する。
     グループの数だけ繰り返し起動し，組班が分かる名前を付けて保存する。

←起動時

　画面表示を左右（上下）に並べて表示にしておくと生徒の会話が把握できて便利である。

　　② 生徒は自機でchatter.exeを起動する。
　　　ハンドルネーム（ニックネーム）を入力。
　　　サーバ（教師機のIPアドレスまたはコンピュータ名）を入力。
　　　channel（班の番号）を入力。

生徒機の起動時の画面

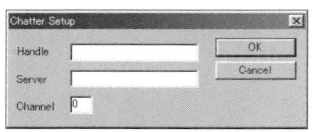

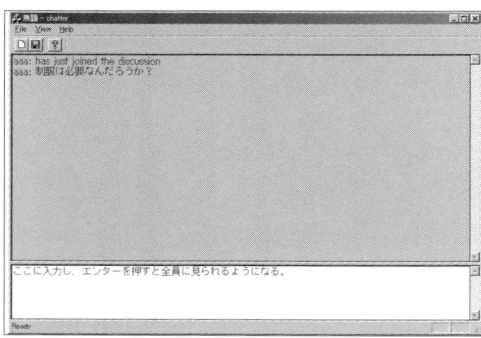

・NetMeeting（マイクロソフト社のフリーソフト）
　　① 生徒が自機でネットミーティングを起動する。
　　② 各グループの班長が会議室を主催する。
　　③ 班員は班長機のIPアドレスを指定して会議に参加する。

7 話す,聞く,考える！

実習番号	IE-7
具体的で正確な表現	ディベート手法を活用したメディア・リテラシー教育
必要な設備・環境	プロジェクタ,スクリーン
使用するソフトウエア	プレゼンテーション用ソフト（Microsoft PowerPoint）
単元	情報A（4）イ　情報化の進展が生活に及ぼす影響 情報B（4）ウ　情報技術の進展が社会に及ぼす影響 情報C（4）イ　情報化が社会に及ぼす影響
目標	生活の中で氾濫するさまざまな情報に対して,ディベートを通じクリティカルに思考する能力を身につける
配分時間	2時間（50分）
実習をするために必要な予備知識やスキル	ディベートの方法 プレゼンテーション技術
その他	必要な設備／環境におけるプロジェクタ,スクリーンおよび使用するソフトウェア：Microsoft PowerPointについては必ずしも必要としない（情報提示用）

討議する活動としてディベート手法を取りあげることとした。

実習事例

教科「情報」		
項目名	情報A　　（4）イ　情報化の進展が生活に及ぼす影響 情報B　　（4）ウ　情報技術の進展が社会に及ぼす影響 情報C　　（4）イ　情報化が社会に及ぼす影響	
目　標	情報化の進展が生活に及ぼす影響を身のまわりの事例などを通して認識させ,情報を生活に役立て主体的に活用しようとする心構えについて考えさせる	
本時の目標	情報化の進展がメディアを通じてどのように生活に影響を及ぼしているかを,身近な情報端末機を取りあげ,ディベート手法を活用することによりメディア・リテラシーの育成を目指す	
評価の観点	① ディベートの方法を理解し,ディベートへ積極的に参加できる ② 自分の主張に対する根拠を準備できる（情報収集） ③ 自分の意見を客観的に見つめ,より深い考えを持つことができる ④ メディアが生活にどれほどの影響を及ぼしているかを認識し,それらがもたらす情報を整理・識別・考察できる（クリティカルな思考ができる）	
指導計画	第1時	ディベートの方法に関する学習
	第2時	ディベートの実施

授業1時間目（ディベート方法に関する学習）　時間50分

1．導入（10分）
（1）ディベートとは
　　ディベートとは一つの論題に対して一定のルールに従い議論をする手法で，肯定側，否定側を決め，審判が勝敗を決定するということを簡単に説明する。
（2）生徒達に現在までのディベートの経験の有無を問う。

2．展開（20分）
（1）ビデオ視聴
　　ディベートの雰囲気を生徒に味わわせるためにビデオ※を15分間視聴させる。
※『小学校・ディベート入門』（指導　池内　清＜学事出版＞全40分）

3．確認・まとめ（20分）
（1）ディベートに関する要点説明（Microsoft PowerPoint使用）
　①根拠のない内容発言は無意味である
　②証拠書類を提出する際の出所の明記
　③制限時間内で発言を終えるための工夫
　④立論で勝利を得るための工夫
　⑤審判が判定を下す際の着眼点等の説明を行う
（2）論題提示
　　"携帯電話におけるスパムメールの発信は法律で禁止すべきである"これに対して是か非かを生徒に提示する。
＜論題を決める際の留意点＞
　①肯定側，否定側からそれぞれ意見あるいはメリット，デメリットが同等に出せるかどうか
　②生徒にとって興味関心がみられるものかどうか
　③政策を吟味するような論題はその内容が実現可能かどうか等に留意する
（3）メンバー構成
　　肯定側，否定側，審判それぞれ3名ずつ無作為にグループに分け，各グループに

おいて立論，質疑，反駁などの役割を決めるよう指示する。ギャラリーについては質疑の時間を与え，さらにそれぞれ発言者が発言する様子を評価するためのギャラリー用ワークシートを配布し，ギャラリーとして肯定側，否定側の勝敗を決定させることとする。

＜審判の人数について＞

　必ず勝敗を決定したい場合は，必然的に奇数人数となる。また，人数を多く設定した場合は，偶数人数となっても比較的勝敗はつきやすくなる。

＜クラス単位でディベートを行う場合の教室配置＞

　クラスを1グループ4名を基準として10グループに分け，肯定側，否定側，司会・タイムキーパーを1グループ，審判を2グループ，ギャラリーを5グループに割り当てる（**図1参照**）。そうすることにより次回ディベートを実施する際，グループ間での役割の入れ替えがスムーズに行える。

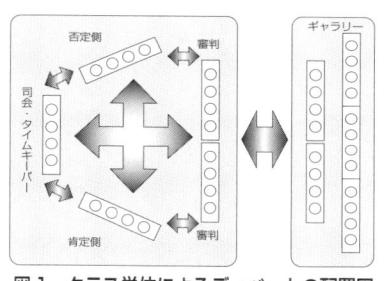

図1　クラス単位によるディベートの配置図

(4) ディベート時のタイムスケジュール提示

　表1に示したタイムスケジュールはあくまでも実習例であり，時間設定はその時の状況や生徒のディベート経験度に応じて行えばよい。ディベートに慣れてくれば，反駁の回数を増やすことや，さらには特別ルール（例えば，3秒ルール・・・発言する前や発言中に3秒以上の沈黙が続けば減点し，それを審査対象に入れる）を取

表1　タイムスケジュール

局面	時間
肯定側立論	2分
否定側質疑	1分
否定側立論	2分
肯定側質疑	1分
ギャラリーによる質疑	2分
準備時間	1分
否定側反駁	2分
肯定側反駁	2分
審査時間	2分
判定（ギャラリー含む）	3分
	計18分

り入れるなど様々な工夫が考えられる。
(5) 台本シート
　ディベートに不慣れな生徒が多いため事前に準備しておいた発表の際の台本となるシートを配布し，それを参考に発表に備えるよう指示する。

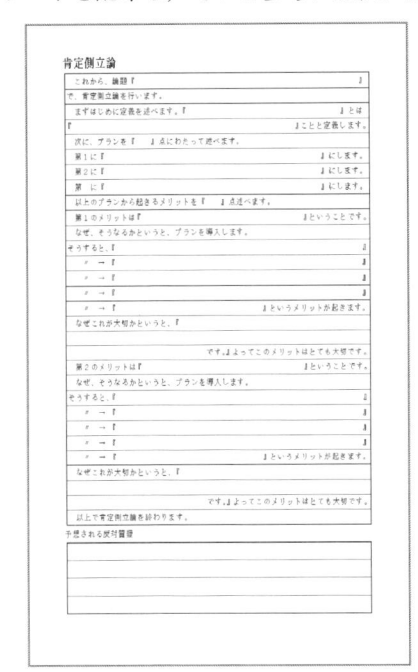

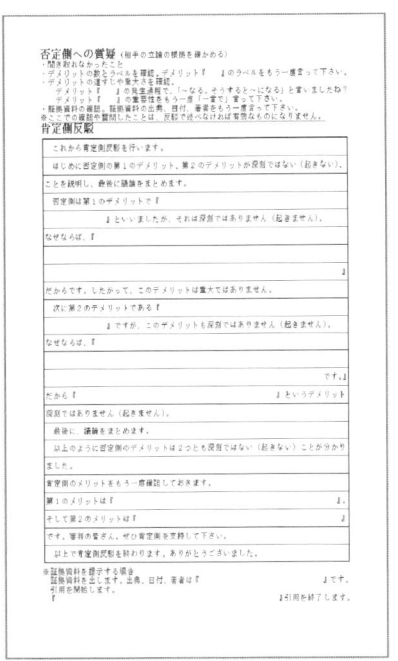

　　　　　肯定側立論　　　　　　　　　　　　　　否定側反駁

<台本シート利用の留意点>
　ディベート中の発言が台本の棒読みとならないよう心掛けさせる。
(6) 準備期間中（ディベート本番まで）における指示
　① なるべく複数のメディアから資料収集を行う
　② 証拠書類には引用文，出典等を必ず明示する
　③ 制限時間内に発表を済ませるよう心掛ける
　④ メンバー内のコミュニケーションを深める

　このコミュニケーションの中でチームとしてのまとまりを強化させ，役割分担（立論，質疑，反駁など）を決めたり，ディベートで勝利するための作戦をたてさせたりする。作戦の上で大切なことは，自分たち側の立場だけでなく，相手の立場に

立ってどのような発言が予想されるのか，またその発言にどのように対応するべきかを考えることであるということを示唆する。審判，ギャラリーについても同様に，あらかじめ肯定側，否定側から出されるであろう発言を全て予想させる。

(7) 準備期間中の教師の役割
　① 肯定側，否定側から出てくると思われる発言を全て予測する
　② 各グループの進展状況を把握し，質問や問い合わせに応じる
　③ 生徒とのコミュニケーションを積極的にとり電子メールやチャットなどのインターネット環境も利用する　等が挙げられる。

授業２時間目（ディベートの実施）　時間50分

1．導入（5分）
(1) 論題およびタイムスケジュールの掲示
　論題とタイムスケジュールをスクリーンに掲示する。（Microsoft PowerPoint 使用）
(2) ワークシート配布
　ディベート用ワークシート，ギャラリー用ワークシートをそれぞれ配布し，独自の記号や矢印などを用いてなるべく多くのメモをとらせる。

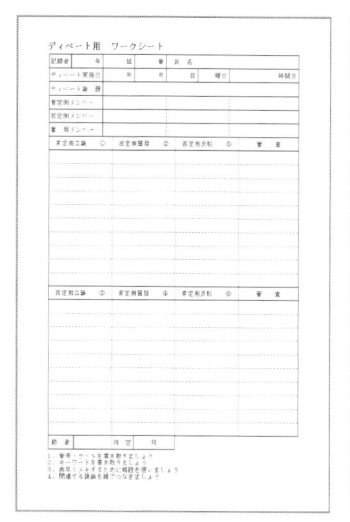

　　ディベート用ワークシート　　　ギャラリー用ワークシート

7　話す，聞く，考える！

2．展開（30分）
(1) 教師による司会進行
(2) タイムキーパー
　1分前にベルを1回，30秒前に2回，5秒前に3回鳴らすこととする。
(3) 特別ルールの適用
　3秒ルール・・・沈黙が3秒以上続けば－1ポイントとし審判の判定に加味する。
(4) 論題におけるキーワードの定義
　論題中のキーワードとなる「スパムメール」ついての定義は，肯定側により「受信者が希望しないのに一方的に送られる宣伝広告の電子メールである。」とされ，これに従いディベートが進行されることとなる。
(5) 肯定側メリット
　① プライバシーの侵害を防ぐことができる
　② サーバのダウンを防ぐことができる
(6) 否定側デメリット
　① 中小企業の業績不振につながる
　② 自由の妨げになる
(7) 判定結果
　審判による判定は2対1で否定側勝利とされ，ギャラリーによる判定は4対0で否定側勝利とされた。

3．発展・まとめ（15分）
(1) ディベート終了後
　① 勝敗結果が必ずしも直接現実を左右するものではないということを生徒に認識させておく
　② 生徒に準備段階（資料収集）も踏まえて，うまくいった点，苦労した点，ディベートを通して他人の発言をどのように受け入れたか等を振り返らせる
　③ 資料の拠出先を生徒に尋ね，それが複数であった場合，それらを比較して感じたことや，また最終的にその情報を選出した理由を述べさせる。拠出先が一つだけであった場合は，その理由を聞き，そこから発信されている情報の信憑性を考えさせる
　④ メディアから発信された情報によってわれわれが影響を受けていると思われる

実例を挙げ，メディア・リテラシーの概念に接近させる

＜時間に余裕がある場合＞

ディベートを通して情報教育の内容に接近させることが可能である。

今回の実習において例を挙げれば，「スパムメール」から情報モラル教育へと発展させるなど，教科「情報」の内容として様々な授業の展開方法が考えられる。

(2) 結論

情報には目的や意図があり，人の話を含めメディアなどから発せられている数多くの情報を全て鵜呑みにしてしまうのではなくクリティカルな思考で捉える姿勢が必要であるということに気付くよう導く。

(3) アンケートの実施

最後にディベートについての感想，メディアから発信される情報に対してどのような受け入れ方をしているか等に関する簡単なアンケートに応えさせる。

例　アンケート用紙

＜授業を終えて＞

　生徒に対してはディベート手法についての知識を把握させることもさることながら，まず人前で話をすることに慣れさせておくべきである。一定の時間内に発言をする訓練により，相手に伝わりやすい話し方を考えさせることが必要である。具体的には一分間スピーチやプレゼンテーションなどが適している。

　また，教師の役割として，授業中の発言が活発なものとなるために支持的風土をクラスに浸透させるよう努めなければならない。そのために教師が率先して他を認め，その発言を尊重する姿勢を見せるべきである。

　さらに，ディベート時にその様子をビデオ撮影することは，生徒にディベートをまじめに取り組ませるための一方法として効果があり，後にそれを視聴させることで，自己分析にも役立つと考えられる。

　ディベート手法を活用したメディア・リテラシー教育を観点とした場合に強調して指導しておきたいことは，資料収集や調べ学習を行う際に複数のメディアから情報を比較してみること，他人の発言をはじめとして情報をクリティカルにとらえることである。ディベート手法を活用することにより「情報活用の実践力」を高める。このことを意識した指導が必要である。

7 教員研修

1 Windows NT ServerによるLANを構築しよう

実習番号	TT－1
具体的で正確な表現	Windows NT Serverを用いて，クライアントサーバ方式によるネットワークを構築し，LAN構築とネットワーク管理に関する基礎知識を習得する。
必要な設備・環境	① サーバ機1台及びクライアント機2台（1台でも可） ② スイッチングハブ，LANケーブル（100BASE-TX），ネットワークアダプタ ③ かしめ工具，LANケーブル用テスター，ニッパ，カッターなどの工具
使用するソフトウエア	Windows NT Server 4.0, Windows 98, Windows 2000 Professional
単元	ネットワークの基礎
目標	ネットワークの基礎を習得し，簡単なLANの構築が行える。
配分時間	6時間
実習をするために必要な予備知識やスキル	① LANの基礎知識 ② TCP／IPの基礎知識 ③ Windowsネットワークの基礎知識 が必要。これらの知識は市販の書籍・雑誌で学習することになるが，実習前に「ネットワークの基礎」に関する講義を実施すれば，ネットワーク初心者でも実習は可能。
その他	特になし

　教科「情報」の実施に伴い，ここ数年の間に学校現場のネットワーク環境は大きく変わることが予想される。ポイントをあげると次の3点になる。
① 校内LANが整備され，各教室に情報コンセントとネットワーク接続できるパソコンが設置される。
② インターネット接続の環境が，従来のワイヤ環境（ISDN，ADSLなど）から光ファイバ環境に移行し，100Mbpsの環境が標準化する。それに呼応して，校内LANも100Mbpsあるいは1000Mbpsのネットワーク環境が標準化する。
③ 校内LANを管理するネットワーク管理者の配置と，それに合わせた校内分掌の見直しが必要になる。
　このような大きな変化に学校現場が対応するために，教科「情報」の指導者も校

内で一定の役割を果たすことを要求されることになる。この実習の目的は，これから校内にネットワーク構築したり，すでに構築されている環境でネットワークの管理ができる知識を，実習を通して習得することである。今後，OSはサーバ機がWindows 2000 Server，クライアント機はWindows XPが標準となっていくだろう。しかし，ネットワークの構築手法そのものは大きく変化せず，従来の手法が継承されていくものと思われる。ここで行う実習が無駄になることはないはずである。

なお，実習は1と2に分かれているが，同時に実施することを前提としている。

実習1　LANの構築

〔準備物〕

- Windowsがインストールされたパソコン3台（このパソコンは，そのまま実習2で利用するため，実習2の〔準備物〕にあるパソコンを準備する。また，ネットワークアダプタは必須で，なければ別途準備する必要がある。）
- スイッチングハブ1台
- ツイストペアケーブル（カテゴリー5）20m程度
- RJ-45モジュラプラグ　20個程度
- かしめ工具1台
- LANケーブル用テスター1台
- ニッパ，カッターなどの工具1式

〔実習内容〕

構築するのは右図のような簡単な構成のネットワークである。ここではコンピュータ名とIPアドレスの一例を記した。

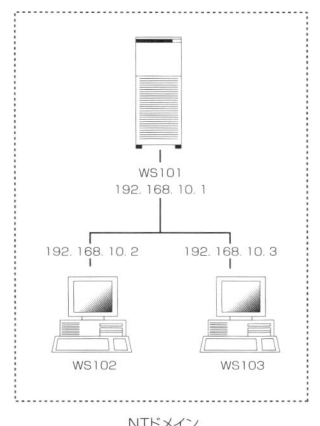

	コンピュータ名	IPアドレス
サーバ	WS101	192.168.10.1/24
クライアント	WS102	192.168.10.2/24
クライアント	WS103	192.168.10.3/24

実習1ではLANケーブルを自作し，ハブとパソコンをケーブルで配線しネットワーク環境を構築する。実習2はこの環境を利用することになる。以下，その内容

1　Windows NT ServerによるLANを構築しよう　　231

を列記する。
Ⅰ．LAN ケーブル（ストレートケーブル）の制作
　　1．必要な工具と部材の説明
　　2．成端の手順説明
　　3．成端と導通の確認
　　4．LAN ケーブル（クロスケーブル）の紹介
Ⅱ．LAN ケーブルの配線
　　5．LAN ケーブルとハブの接続
　　6．LAN ケーブルとパソコンの接続
　　7．実際のLAN構築での注意点
Ⅲ．ハブ接続上の注意
　　8．ハブの増設とカスケード接続
　　9．カスケード接続での段数制限と制限長

　この実習では学校ネットワーク適正化委員会編「学校にLAN入しよう」（エヌ・ジー・エス）を実習生分準備し，参考資料として利用したい。

　書籍を準備できないときは，書籍を販売している出版社と著者に許諾を得て，必要なページを複写することになる。くれぐれも無断使用のないように注意したい。複写の許諾を得られない場合も，インターネット上のサイトを検索するとLANケーブルの成端技術等について情報を掲載しているサイトが見つかる。下記にあげておくので参考にしてほしい。また，LAN技術をさらに理解する際に参考となる書籍もあげておく。「ローカルエリアネットワークの設計実習」は富士通ラーニングメディアの講習会で使用されるテキストだが，講習会に参加しなくてもテキストのみの購入が可能である。

（参考サイト）
　　インターネットつなぎ隊　http://www.tsunagi.org/a/tech/index.htm
　　戸根　勤氏のサイト　http://www.glasscom.com/
　　アライドテレシス社　http://www.allied-telesis.co.jp/library/nw-guide/index.html

参考文献
・戸根　勤「完全理解TCP/IPネットワーク」，日経BP社，2001

・「ローカルエリアネットワークの設計演習」富士通ラーニングメディア，2001

〔指導上の留意点〕
　LANケーブルの制作ではRJ-45モジュラプラグを用いてストレートケーブルを成端する。クロスケーブルについても，その違いにふれておく必要がある。LANケーブルをハブに接続する場合に，ノーマルポートとアップリンクポート（カスケード接続用のポート）の違いや使用目的も解説しておく。また，ハブのカスケード接続による段数制限は，スイッチングハブの場合，事実上ないため問題ないが（スパニングツリー機能搭載のスイッチングハブの場合は7台が上限になる。スパニングツリー機能とはパケットの無限ループを防ぐ機能である），安価なシェアードハブ（リピータハブ）では，10BASE-Tで4段（100BASE-TXでは2段）の段数制限があり，端末間の最大接続距離が500m（100BASE-TXでは205m）であることについてもふれておく必要がある。LAN構築には経験が必要で，書籍等に書いてあるとおりにいくとは限らない。経験のないことについては断言を避けるべきである。LANケーブルやハブの品質性能がLAN環境に大きく影響することもある。LANは一筋縄でいかないことを肝に銘じて欲しい。
　LANケーブルの成端は，実際にLAN構築の経験があれば問題なく指導できるが，少しでも不安であれば，事前に十分練習を積んでおくことが必要である。また，接続が完了しLAN構築が終わっても，クライアント機とサーバ機の間で接続が確認できなければ，本当に完了したとはいえない。したがって，実習2も引き続き行う必要がある。

実習2　Windows NT Serverによるネットワークの構築
〔準備物〕
- Windows NT Server 4.0がインストールされたサーバ機1台
- Windows 98またはWindows 2000 Professionalのインストールされたクライアント機2台（クライアント機のOSは，Win 98かWin 2000 Proを利用するが，デュアル　ブートにしておくと両方の設定が実習できる。クライアント機は1台でも実習は可能である。）
- スイッチングハブ1台
- 成端したLANケーブル（ストレートケーブル）数本

〔実習内容〕

　実習1のLAN環境の構築が終わっている状態から，実習2がスタートする。実習2の詳細な内容は，別途添付した資料「Windows NT Serverによるネットワークの構築」を参照されたい。以下，その内容を列記する。

Ⅰ．ユーザアカウントとユーザ環境の設定
 1. サーバの電源を入れ，Windows NT Serverへログオンする。
 2. サーバのドメインユーザマネージャを起動し，ユーザアカウントを作成する。
 3. ドメインユーザマネージャでユーザに制限や権限を与える。

Ⅱ．クライアントパソコンのネットワークへの参加
 4. クライアントパソコン（Windows 98）をネットワークに参加させる。
 5. クライアントパソコン（Windows 2000 Professional）をネットワークに参加させる。
 〔参考〕DHCPサーバーによるIPアドレスの動的割り当て

Ⅲ．ファイル共有とアクセス権の設定
 6. サーバ内のフォルダを共有し，共有資源のアクセス権（共有アクセス権）を設定する。
 7. サーバ内のフォルダを共有し，ディレクトリとファイルのアクセス権（NTFSアクセス権）を設定する。
 8. グループを使い，アクセス権の設定を効率化する。

Ⅳ．ネットワークプリンタの設定
 9. サーバでプリンタをセットアップする。
 10. クライアント（Windows 98）でプリンタをセットアップする。
 11. クライアント（Windows 2000 Professional）でプリンタをセットアップする。
 12. プリントサーバによるネットワークプリンタの設定

〔指導上の留意点〕

　添付した資料「Windows NT Serverによるネットワークの構築」は，平成12～14年度に実施された教科「情報」現職教員等講習会（滋賀県）の「ネットワークの基礎（演習）」で使用したものであるので，実習環境に合わせて内容を変更し利用してほしい。資料は実習1で構築したネットワーク環境での運用に加えて，インタ

ーネットへの接続の設定も行っている。インターネット接続を行うには、ダイアルアップルーターやブロードバンドルータなどで複数のパソコンへのインターネット接続環境が準備されている必要がある。資料には平成12〜14年度実施の教科「情報」現職教員等講習会（滋賀）会場の環境に合わせてネットワークの設定（IPアドレスなど）が記載してある。したがって、インターネットも含めたネットワークの設定については、各自が実習を実施する環境に応じて変更する必要がある。先の講習会で利用したネットワーク環境は別途添付した「ネットワーク研修室（例）」を参照されたい。また、資料に「Ⅵ．ネットワークプリンタの設定」の項目があるが、これについては、今回の実習で実施する必要はない。

　また、Windows NT Server 4.0がインストールされたサーバ機については、ネットワークの設定が終わっていることが実習の前提条件となる。NTドメインでネットワークを構成するため、サーバ機はPDC（プライマリドメインコントローラ）としてセットアップする。その他のネットワークの設定は環境に応じて設定することになる。パソコンにWindows NT Server 4.0をインストールする場合、市販の書籍等を参照することになる。ただし、全て自己責任となるため、不安がある場合は経験ある業者に依頼するとよい。クライアント機はWindows 98やWindows 2000 Professionalがプレインストールされたパソコンを使用すればよい。当然のことながら、インストールするOSについてはライセンス違反がないようにしなければならない。Windows NT Server 4.0にクライアント機を接続する場合は、接続台数に応じてCAL（クライアントアクセスライセンス）が必要になる。ただし、Windows NT Server 4.0のパッケージにはCALが5個付属しているため、今回の自習では別途購入する必要はない。

参考文献
- 「できるWindows NT Server 4.0」インプレス，1991
- 「できるWindows NT Server 4.0実践管理編」インプレス，1991
- 「Windows NT Server 4.0オフィシャルマニュアル」ASCII出版局，1997
- 「MCSEスタディガイドWindows NT Server 4.0」技術評論社，1998
- 「Windows 98システム管理ガイド」ASCII出版局，1999

1　Windows NT ServerによるLANを構築しよう

2 教員研修

| 実習番号 | TT－2 |

教員研修に関して

　平成12年7月1日に施行され，平成12年度から平成14年度まで各年度3週間の期間で行われた新教科「情報」現職教員等講習会では，都道府県で養成人数の差はあるものの，年間約3,000人以上が受講し，最終的には全国で推計で約1万人をこえる教員が教科「情報」の免許を取得した。

　受講については，受講予定者に事前アンケートを実施，受講者・講師間でのメーリングリストの立ち上げ，講習会用のWebサーバの立ち上げ，連絡や課題等への活用，また受講者が時間内に処理できない事項について学習できるように補助資料の提供をするためWebサーバを設置し活用したもの等の工夫がなされた。実際の講習においても，教育センターを利用したものはもちろん，大学・産業界とも協力して実施するなど幅広い形で認定講習は行われた。講習内容でも，情報システムの概要でインターネット上に仮想商店を立ち上げる作業を通して学習させたもの，モデル化とシミュレーションではサブノートパソコン，グラフ電卓も活用し，野球選手の打率のシミュレーションを想定したもの，マルチメディアではフリーソフトの活用，ローテーションで数少ないソフトを有効活用したもの，ネットワークの基礎ではLANケーブルを制作し，それを用いてLAN学習を実施したもの，その他オンラインマニュアルの作成，補助教材の作成，総合実習では模擬授業とグループ協議，提示ソフトを用いた個人研究発表と講師全員による指導助言など，各講習会場に適した様々な手作りの工夫が講師によって行われた。また，講習会終了後も希望者に対してアプリケーションソフトの研修や次年度以降定期的に教科「情報」の研修会を開催実施する自治体などが多く見られる。

　いよいよ，平成15年度から教科「情報」がはじまるが，いま一度その目的を確認しておきたい。「情報活用の実践力」「情報の科学的な理解」「情報社会に参画する態度」の3つである。情報教育は小学校で「総合的な学習の時間」や各教科，中学校で「総合的な学習の時間」や技術家庭での情報とコンピュータを学習しており，

現実の各生徒がどのような情報環境でどのような情報教育を受けてきたか，調べてみることは有益である。幸い，小中学校は学区制なので調べる手間もさほどかかるものではない。このような学校でのバックグラウンドや家庭でのコンピュータ環境を知っていると，高等学校で学習する教科「情報」を円滑にスタートさせ，学習進度のステップを見極めることができ，ゴールまでにどのような道筋を踏めばよいのか，より明らかになるであろう。

　生徒たちは，これらの学習を通じて，高等学校卒業までにこの情報の3つの目的をバランスよく身に付けることになる。そして，最終的には，情報化の進展に主体的に対応できる能力と態度を生徒が獲得できるようにすることが，情報の教師には求められている。しかもそれは実際，卒業後すぐ生徒が直面する就職・進学の場において実用的なものである必要がある。

　現在の高等学校の整備状況は，平成12年度から新たに始まったコンピュータ整備計画のもと，生徒1人に1台（計42台），普通教室に各2台，特別教室等に6台の設置を，平成17年度を目標に進められている。コンピュータ教室だけでなく，各教室からでもインターネットや校内の情報を利用した学習をするために，校内LANの整備をすすめる事業もミレニアム・プロジェクトとして実施されている。ほとんどすべての高等学校にインターネット接続ができた今，ダイアルアップからブロードバンドとよばれるADSL・CATV・光ファイバなどの大容量高速回線への切り替えが徐々に進んできており，地域を越えた共同学習や国際交流，電子メールやホームページによる情報収集が，多くの学校で成果をあげている。

　各自治体では厳しい財政状況のもと，管轄内の学校のコンピュータを最新のものにするべく，レンタル・リース方式での導入環境が整備されたことを利用し，コンピュータの更新，ネットワークへの対応，周辺機器の整備などに力を入れ，つねにハード・ソフトの現状を把握して各学校に適切な配備ができるようにしている。同時に生徒の家庭での情報環境と学校での情報環境が大きく乖離し，学校の情報環境が陳腐化することのないように十分な対応が自治体には求められている。

　一方において，情報技術の進歩はめざましく，数年で情報環境が大きく変わることが予想される。従来の教科と大きく違い，教科「情報」ではこれらの進歩をつねに見つめ，把握し，授業において適切な対応を取る必要がある。教科「情報」の教員は意欲的に最新の情報を取り入れ，生徒に負けないだけの技術と姿勢・態度が求められる。

現在，国では独立行政法人教員研修センター主催で教育情報化推進指導者養成研修が実施されており，教科を限定せず，年間約1,000名が研修に参加し，各都道府県教育委員会等が主催する研修において指導的な役割を担える人材が育成されている。各都道府県では，教育センター等を中心に実施される初任者研修や教職経験者研修，管理職研修に情報研修が組み込まれ，その他，情報教育指導者研修，情報教育推進リーダー養成研修，インターネットやマルチメディア専門講座等の研修が用意されている。特に，教科「情報」の教員のための研修が設けられる例も数多くあり，教科「情報」の教員の積極的な参加が望まれる。

　さらに，教科「情報」の教員の最大の武器であるインターネットを通じての情報交換が都道府県単位を越えてWebサイトで行われており，ここにもぜひ参加していただきたい。

　最後に，学校の情報設備が十分でないところも数多くあるが，いまある設備を使って生徒に与えられる最大で最良のものは何か，そのためにはどうすればよいのか，これを考えていただきたい。そのためにも，日々研鑽し，各種の研修に参加されることを望みたい。研修は，情報交換の場でもあり，教科「情報」の教員の力を高め，ひいては生徒に最良の材料を与えられる格好の機会である。教科「情報」の教員の力が，やがては学校全体を変えていく，そんな第一歩が平成15年度から始まるのである。

　注．本資料は，平成14年に執筆されたものである。

「教科「情報」の実習事例」
付属実習データ CD-ROM の使い方

　このCD-ROMには,「教科「情報」の実習事例」本文に対応したデータファイルが収録されています。

　収録されたデータファイルは,個人で使用する場合および授業にお使いになる場合にのみ,ご自由に利用・加工していただくことができますので,ご活用ください。

　また,それ以外でのご使用に関しましては,認められておりませんのでご注意ください。

1．内容概要

　CD-ROMには,本文に掲載されている画像および図表データと実習データ)EXCEL,PowerPoint等で作成したデータ)が収録されています。

対応ソフト：ブラウザ　　　　　　　　　：できるだけ新しいブラウザをおすすめします
　　　　　　表計算ソフト　　　　　　　：「Excel」のデータを収録しています
　　　　　　プレゼンテーションソフト　：「PowerPoint」のデータを収録しています
　　　　　　動画再生ソフト　　　　　　：wmv形式のムービーデータを収録しています
　　　　　　PDFファイル閲覧ソフト　　：PDF形式ファイルを収録しています

2．動作環境

　　対応OS：Windows98/Me/NT/XP

3．起動

　CD-ROMをドライブにセットすると,自動的にブラウザが起動し画面にトップページが表示されます。

4．自動的に起動しなかった場合

　　以下の方法で,起動させてください。

　　　①［スタート］-［ファイル名を指定して実行］-［参照］とクリック。
　　　②［ファイルの場所］でCD-ROMドライブ,［ファイルの種類］で［すべてのファイル］を選択。
　　　③ CD-ROM内のファイルリストが表示されたら,［index.html］を選択し,［開く］をクリック。

・本CD-ROMに収録されているデータの著作権は,開隆堂出版株式会社またはデータ作成者が管理します。
・本CD-ROMの運用結果について弊社は如何なる責任も負いません。
・このディスクは「CD-ROM」です。一般オーディオ用CDプレーヤでは絶対に再生しないで下さい。大音量によって耳やスピーカを破損する恐れがあります。
・記載の会社名,商品名,ロゴマークは,各社の商標ならびに登録商標です。
・All rights reserved Copyright © 2003 Kairyudo

■著者略歴
松原 伸一（まつばら　しんいち）
慶應義塾大学大学院工学研究科修士課程修了。
慶應義塾大学大学院工学研究科博士課程中退後，長崎大学講師，助教授，滋賀大学助教授を経て，現在，滋賀大学教授。
専門は，教育情報工学，情報教育学。

主な著書
「ディジタル社会の情報教育～情報教育を志す人のために」（単著）開隆堂，「学びたい人のための情報活用基礎講座」（編著，共著）ブレーン出版，「大学授業の技法」（共著）有斐閣など。

編集協力　パシフィック・ウイステリア
表紙デザイン　高木デザイン事務所

情報科教育研究Ⅱ
教科「情報」の実習事例

初版発行／2003年9月10日
編 著 者／松原　伸一
発 行 者／開隆堂出版株式会社
　　　　　　代表者　中村　周子
　　　　　　東京都文京区向丘1丁目13番1号
印 刷 所／共同印刷株式会社
　　　　　　東京都文京区小石川4丁目14番地12号
発 行 所／開隆堂出版株式会社
　　　　　　東京都文京区向丘1丁目13番1号
　　　　　　電話 (03) 5684-6111
　　　　　　http://www.kairyudo.co.jp

定価はカバーに表示してあります。

本書の内容を，無断で転載または複製することは，著作者および出版社の権利の侵害となりますので，かたく禁じます。